マルシェのつくり方、使い方

運営者・出店者のための教科書

脇坂真吏

JN132948

学芸出版社

はじめに

「マルシェをやりたいと思っているんですが、相談に乗って下さい」
「マルシェを上手にやるコツは何ですか？」
「地域の農家でマルシェに出てみたいのですが、どうしたらいいですか？」

嬉しいことに、弊社、株式会社AgriInnovationDesignには、こうしたマルシェに関する相談をいろいろいただくようになりました。一つはマルシェを運営したい企業や自治体から、もう一つはマルシェを活用して事業を成長させたい農業者や事業者の方々からの相談です。こうした方々に向けて、10年間、マルシェを運営するなかで培ってきた「マルシェとは何か」という根本的な部分から、運営面でのノウハウやコツ、また出店者がマルシェをどのように使うとより早く成長へとつながるのか、そうしたものをすべてお伝えするために、本書を執筆しました。

〝マルシェ〟と聞いてどんなイメージを思い浮かべますか？

パリやニューヨークなどの旅先で見かけるお洒落なマルシェでしょうか？　それとも、近所の農家さんが集まって開くマルシェでしょうか？　マルシェと聞いて思い浮かぶイメージは人それぞれだと思います。

東京農業大学在学中に八百屋を立ち上げ、会社を起業後は築地の青果仲卸とも仕事をするなど、常に農産物の流通に近い所で仕事をしてきた私が最初にマルシェと出会ったのは２００９年。森ビル株式会社が主催する「ヒルズマルシェ」(東京都港区）に関わったことがきっかけでした。あれから10年、今では東京都内でマルシェを4件、北海道でも商業施設内で2件の通年マルシェを運営しています。

つくる側も使う側も、ビジネスとしてもっと有効活用できるはず！

そもそも〝マルシェ〟という選択は正しいのか？

マルシェの相談や依頼などをいただいた際、最初に考えるのがこの疑問です。

「まちづくりや賑わいづくりのために何かをやりたい→マルシェ」と思われるほど、マルシェがブームになっています。マルシェを運営する1人としてはとても嬉しいことですが、「とりあえずマルシェ」になっているのではないかとも感じます。そのため、2章で解説する「マルシェのつくり方」の前提として、まずマルシェをすることが正解なのかどうかを、つくり手に考えてもらうことが重要だと考えています。

一方で、マルシェには決まったルールや形があるわけではありませんので、どのようなマルシェを展開するかは開催地の条件や主催者の想いなどによって変わってきます。2章では、都市部でのマルシェを運営するなかで定義した「コミュニケーション型移動小売業」という考え方をもとに、実施する際の準備内容やスケジュール、運営業務のノウハウをお伝えします。

さらに、マルシェに出店する事業者目線で考えてみると、マルシェに出店する目的は、売上を上げたい、お客さんの反応を見てみたい、まずは売ることを学びたい、出店が楽しいなど、さまざまです。さらに、販売品目も、農産物から加工食品、雑貨、料理まで幅広い。

3章の「マルシェの使い方」では、「ビジネスであるマルシェ＝売場」という考え方を前提とし、出店してみたい事業者へ向けた出店までの準備、出店時の注意点、過去の出店者の動向などをもとに失敗・成功のヒントなどを詳しく解説します。

マルシェなんて意味がない！と思っていた10年前の私へ

今ではマルシェにどっぷりハマっている私ですが、日本で現在のマルシェが誕生するきっかけとなった農林水産省のマルシェ・ジャポン・プロジェクトの事業目的「農家が都市で気軽に売場を持てれば所得が向上する」（2009年）を聞いた時、「そんなことで農家が儲かるわけがない」と本気で思っていました。その当時は、神奈川県の養豚農家、株式会社みやじ豚の宮治勇輔さんと共に農業支援につながる活動としてNPO法人農家のこせがれネットワークを立ち上げた直後で、マルシェの目的を聞いて「そんな馬鹿な」と思っていたのです。

実際、2009年にマルシェを始めたばかりの頃は、イベントのような感覚でしたので、東京に住む農家のこせがれに実家の農産物を販売してもらったり、若手農家に出店してもらったりしていました。もちろん、出店したすべての農家の所得が向上したとは言えません。人件費や交通費などそれなりのコストもかかります。その当時はマルシェの価値を見抜けていませんでした。あれから10年が経ち、ずっと出店し続けてくれている農家や、実際にマルシェの出店が自社経営の基盤の一つになっている農家も出てきました。

私が歩んできたマルシェを運営する日々の中で数えきれないくらいの試行錯誤や、忘れられない失敗や挫折をしてきました。一方、そんな苦労を乗り越えさせてくれた、素敵な出店者や利用客との出会いから、たくさんの気づきをもらいました。

本書は10年前の私のように、「マルシェって何だろう?」「どう使えばいいのだろう?」「どんな魅力や可能性があるんだろう?」という疑問を持っている人に向けて、私なりの実践に基づいた答えを紹介しています。

本書が、日本全国で素敵なマルシェが開催され、そんなマルシェが人々の暮らしを豊かにする一助となることを願っています。そして、いつの日かそんな各地のマルシェを行脚することを楽しみにしています。

／目次／

3章　マルシェの使い方～出店のノウハウ　095

4章　マルシェというビジネスモデル～持続可能なしくみの構築　145

5章　マルシェの現場案内　177

1章
マルシェが小売りビジネスを変える
コミュニケーション型移動小売業の誕生

1 日本のマルシェ誕生

農業との出会い

1章では、私がマルシェに関わるきっかけ、マルシェの誕生や定義づけ、そして楽しみ方と、2章以降の具体的なノウハウや事例紹介のベースとなる話をします。

2002年、私は東京農業大学に入学しました。それまで農業に興味関心があったわけでもなく、大学進学を目指していたわけでもなかったのですが、ふとしたきっかけから全国の大学案内を読み、唯一興味を持ったのが東京農業大学の食料環境経済学科でした。そして入学して早々の5月、農村調査部という部活に入部して山梨県の果樹農家へ研修に行ったことが、私の農業プロデューサーとしての活動の原点となる疑問と出会った瞬間でした。

「農家は儲からない」

私たちの暮らしを支える産業である農家が儲からないとはどういうことなのか、不思議で仕方ありませんでした。

その後、農村調査部で多くの農家や農業に関わる人たちと出会い、大学1年の終わりに「野菜ソムリエ」を運営する福井栄治さんと出会い、フードディスカバリー株式会社にインターンシップとして入社し、大学2年の終わり、2004年2月に八百屋「野菜ソムリエの店 Ef:」（東京都世田谷区）を開業しました。大学3年の終わり、2005年1月にはその武蔵小山店（3号店）の開店と同時に店長に就任し店舗経営に携わりました。同社を大学4年の秋に退社し、大学卒業直前の2006年3月に最初の会社となる株式会社NOPPOを立ち上げ、農業支援の活動を開始しました。

その頃から私はずっと夢を持ち続けています。


「小学生のなりたい職業1位を農家にする」


これは、「農家は儲からない」という一般認識を最もわかりやすく覆す状況とは、子どもが憧れる職業になっていることではないかと考えたからです。

その後、商品の販売、イベントやセミナーの開催、フリーペーパーの発行などさまざまな角度から農業を応援する仕事に関わるなかで、地域も世代も品目も考え方も違うさまざま農業者の方々と出会い、より広い視野で農業を見ることができるようになりました。そう感じるようになった時に出会ったのが「マルシェ」という取り組みでした。

始まりは農林水産省の補助事業

本書でお伝えするマルシェとは、2009年度に農林水産省の補助事業からスタートしたものを指しています。日本では古来、農家や行商人が野菜や食料品を持ち寄って販売する朝市などが各地で開催されてきましたが、それらはマルシェの原風景だと思います。

当時15億円もの予算をかけた農林水産省「地産地消・産直緊急推進事業のうち仮設型直売システム普及事業」（通称：マルシェ・ジャポン・プロジェクト）では、放送作家の小山薫堂さんが旗振り役に就任し、株式会社ぐるなびが全国事務局として音頭をとる形で始まりました。農林水産省の事業の目的は、大都市の中心部でテント等の仮設設備による直売の売場（マルシェ）を開設し、生産者が都市の消費者と対面で自ら生産した農林水産物を直接販売することにより、生産者の所得向上と都市住民の農林水産業への理解促進を図り、マルシェの運営モデルを構築し、普及を図ることでした。

事業の内容は、大きく次の二つがありました。

①大都市の中心部においてマルシェを運営する民間企業等に対し、マルシェの設立費（運営計画の策定費、生産者募集費等）および初年度の運営費（会場費、テント等借料、広報費等）を支援する（補助率：定額）。

②全国事業（マルシェの運営状況の調査、マルシェの普及・PR、ウェブサイトの運営等）を

行う民間企業に対し、必要な経費を支援する。

こうして始まったマルシェ・ジャポン・プロジェクトでしたが、事業実施直後に事業仕分けの対象となり、民業圧迫などの観点も踏まえ、結果的には単年度事業で終了してしまいました。しかし、現在全国各地でこれだけ多くのマルシェが誕生していることを考えると、スタートアップ予算としてはこの上ない予算組みであったし、単年度で補助事業が終わったことも運営事業者の自立という意味で良かったと思います。

58の応募事業者から選考された全国12のマルシェ会場と主催者が決定し、2009年に事業が開始されました。表1の通り、北は札幌から南は福岡の5大都市すべてで同時にマルシェが始まり、なかでも東京都内は赤坂・表参道・お台場と人気のエリア4カ所で農家の販売拠点がつくられることになりました。

また興味深いのは、当時この事業を受託したのが、ディベロッパー、メディア、マーケティング、物流、青果卸売、広告代理店と、実にさまざまな業態の企業であったことです。運営費が全額補助されるとはいえ、それだけこのマルシェという事業に関心を持つ業界が多かったことは、閉鎖的で外部とのつながりが弱い農業界の活性化につながる一つのきっかけになったのではないかと思います。

こうしてさまざまな業界の企業が、日本人になじみのなかったマルシェを、各社独自のテントや備品、出店者構成などで展開していきました。これが、当時1社の運営会社が都内5カ所のマルシェを運営するような事業になっていたら、どこも金太郎飴のように同じデザインの備品と同じよ

エリア	事業名	会場	主催
札幌	サッポロ・マルシェ	サッポロファクトリーアトリウム　ほか	サッポロ・マルシェ・プロジェクト協議会
仙台	マルシェ・ジャポンセンダイ	サンモール一番町商店街ほか	せんだいファミリアマルシェ実行委員会
新潟	にぎわいマルシェ	万代島、古町６番町ほか	万代にぎわい創造株式会社
東京	サカス・マルシェ	赤坂サカス　サカス広場	株式会社 TBS テレビ
東京	Farmer's Market@UNU	青山国連大学前広場、GYRE	株式会社マインドシェア
東京	ヒルズマルシェ in アークヒルズ	アークヒルズ　アーク・カラヤン広場	森ビル株式会社
東京	ハピ・マルシェ	お台場、錦糸町、吉祥寺ほか	株式会社野菜ビジネス
神奈川	マルシェ・ジャポンヨコハマ・カワサキ	みなとみらい 54 街区ほか	株式会社 NKB
名古屋	マルシェ・ジャポンなごや	ノリタケの森　ほか	日本通運株式会社　名古屋旅行支店
大阪	マルシェ・ジャポン関西	ラグザ大阪　ほか	東果大阪株式会社
大阪	大阪マルシェ「ほんまもん」	中之島公園　ほか	マルシェ・ド・大阪テロリール実行委員会
福岡	ふくおかマルシェ	福岡市役所ふれあい広場ほか	株式会社西日本新聞社

表1　マルシェ・ジャポン運営者一覧（2009年度実施当時の名称・記載）
（出典：マルシェ・ジャポン全国事務局「マルシェ・ジャポンレポート」）

うな出店者を集めたマルシェができて、全国的な広がりにはならなかったと思います。

農業活性になるわけがない

こうして10年前に農林水産省の補助事業で始まった日本のマルシェですが、農家の所得向上と都市住民の農林水産業の理解促進という事業の目的を聞いた際には、正直そんな簡単にいくわけないと考えていました。その考えは今は180度変わりましたが、当時そう考えた理由は、八百屋の店長で日々店に立っていた経験と、築地の青果仲卸が運営する小売店舗に関わった時の経験から、次の三つが大きな壁になっていると感じていたからです。

10年前にマルシェを否定していた理由

①農家が自ら販売することは容易ではない
②日本の流通システムはハイレベル
③消費者が関心を寄せるのは商品の価格と品質で、農家ではない

①農家が自ら販売することは容易ではない

大部分の農家は、単一、もしくは少数品目を効率的に生産しているため、一度に収穫できる数量、収穫できる時期などが限定される場合が多く、収穫が集中する時期にのみ自ら販売をして利益をあ

げるというのは難しい。
②日本の流通システムはハイレベル
そして何より、日本の農協と市場流通の構造はハイレベルで、全国の農産物が全国各地にスムーズに運ばれ、スーパーマーケットや量販店などで毎日売られ続けているため、わざわざ農家自ら販売をする必要性は大きくない。
③消費者が関心を寄せるのは商品の価格と品質で、農家ではないこと
最後に、八百屋に買いに来るお客さんと接していても、農業や農家に興味を持つ方は少なく、その農産物が美味しいかどうか、買いたいと思える金額かどうかを重視して購入するのが普通なので、農家が来て売ることで利用客の農林水産業への理解が促進されるとは思えませんでした。

2 マルシェに参戦

農家のこせがれと若手農家で出店

そんな私がマルシェと関わることになった最初のきっかけは、運営者としてではなく出店者を

写真1　農家のこせがれブースで販売する若手農家

集めることでした。森ビル株式会社が東京・赤坂のアークヒルズで主催する「ヒルズマルシェ」が始まった2009年9月の半年前の3月、私は神奈川県の養豚農家・宮治勇輔とNPO法人農家のこせがれネットワークを設立しました。この団体は、実家の農家を継がずに都会で働く子ども（こせがれ）たちに、実家の農業の魅力や楽しさを伝え、実家に就農するきっかけをつくろうと立ち上げ、当初はそうしたこせがれよりも全国の活力あふれる20～30代の若手農家が興味を持ち活動に参加してくれていました。

そうした活動をしていた時に、ヒルズマルシェを主催する森ビルさんから、農家の出店者を集めることはできないかと相談を受けました。

そこで、我々はこせがれブースとしてヒルズマルシェに、千葉県や茨城県などの同世代の農家を集めて毎週出店してもらいました（写真1）。また、実家の農産物をこせがれたちが自ら販売をすることもありました。

運営事務局に抜擢

転機が訪れたのは、主催者である森ビルさんから運営事務局業務を依頼された時です。こうして、2010年5月からNPO法人農家のこせがれネットワークで運営事務局業務を受ける（途中で株式会社 AgriInnovationDesign へ移行）ことになりました。最終的に弊社が運営事務局をすることになった要因としては、次の三つのポイントがありました。

運営者に求められる三つのポイント

①出店者、農家とのつながりがある
②出店者への販売アドバイスも対応できる
③販売商品を見分けられる

①出店者、農家とのつながりがある

こせがれネットワークの活動の一環としてこせがれブースを展開していたこと、それも含め農家などのつながりがあることから出店者を増やすことができる

②出店者への販売アドバイスも対応できる

私自身が八百屋の立ち上げ・運営をしていたことやその後築地の青果仲卸会社の小売店舗で活動していたことなどから、出店者への販売（陳列・値付け）などに関してアドバイスできる知見を有していたこと

③販売商品を見分けられる

農業界、青果業界、流通業界に詳しかったことから、出店者を審査できる目を持っていたこと

最先端・ＩＴ・富裕層などのイメージがあり、農業から一番かけ離れているように見える東京都港区という場所でマルシェの運営事務局に携わることは、それ以降の私の仕事の考え方にも大きなインパクトがありました。

10年間の試行錯誤

弊社では現在、東京都内だけでも年間１３０日以上、四つのマルシェ（ヒルズマルシェ、ワテラスマルシェ、浜町マルシェ、ＫＩＴＴＥ前地下広場マルシェ）を運営しています。最初は、毎週土曜日にマルシェを運営することはとても大変でした。体力的にもそうですが、正直なところ、マルシェが農業支援にどうつながるのか、どんな価値が生みだせるのかを理解できていなかったということもあります。

マルシェを運営し続けてきた10年間にはいろいろな紆余曲折、葛藤がありました。弊社が事務局

図1　マルシェを構成する3要素

となり1年も経たずに東日本大震災があり、六本木近隣の外国人居住者が一時日本を離れたことが影響し、利用者の数が減ったり、外国人の出店者も減ってしまったりということもありました。その後は、西日本の野菜はないのかなど、風評被害の影響も出店者を直撃していきました。

5年目ぐらいからは都内でもマルシェがどんどん増え、意中の出店者にどうしたらヒルズマルシェへ出店してもらえるか、利用客にとって、より魅力的なマルシェにするにはどうすればいいかなど、ほかのマルシェとの差別化を図り始めました。具体的には、出店舗数を一定数まで増やすことに注力したり、量より質を重視して利用客が満足する店舗を揃えることに注力したり、マルシェ以外のコンテンツと併催することでマルシェの魅力を増強したりと、試行錯誤の連続でした。それは今なお変わることがありません。

もちろん、マルシェは運営者の頑張りだけでは、10年間も継続できません。図1の通り、マルシェは主催者、出店者、顧客の三つの要素で構成されています。まず主催者がマルシェ本来の意義や価値を理解していないと持続可能なマルシェにはなりません。主催者が終了を告げればマルシェはそこで終わってしまうからです。また同じように、出店者が集まらなければ、マルシェは成立しません。出店者にとってマルシェに出店する意義や価値がなければなりませんし、そのためには顧客にマルシェで買物をしてもらわないといけません。運営者というのは、あくまで、この三者が円滑に動かすための情熱を持った歯車だと考えています。

3 マルシェをブームで終わらせないために

なぜ、マルシェはブームになったのか

マルシェ・ジャポン・プロジェクトが始まって3年目、2012年に開催された「大収穫祭」では、ヒルズマルシェとYEBISU Marcheを会場に2日間で全国のマルシェから選りすぐりの出店者が集うイベントが開催されました。その時点でマルシェ・ジャポン・プロジェクトに参画していたマルシェは全国で9都市18会場にまで広がっていました。

当時、各マルシェの運営事業者が毎回の出店者数や来場者数を事務局に報告していましたが、こ

の大収穫祭が開催された２０１２年時点で、18のマルシェの年間来場者数の合計は約６百万人、出店生産者登録数は２千件を超える規模になっていました。２０００年代に起こった農業ブーム、２０１１年の東日本大震災以降の食や消費に向きあう意識の高まりなどさまざまな要因もあり、メディアがマルシェを取り上げる日々が続きました。

残念ながら、２００９年に始まった12のマルシェのうち都内のマルシェで当時と同じ枠組みで運営を続けているのは、「Farmer'sMarket@UNU」（青山）と「ヒルズマルシェ」（赤坂）だけになってしまいましたが、２０１１年にスタートした「YEBISU Marche」（恵比寿）、「丸の内行幸マルシェ」（丸の内）、２０１３年にスタートした「太陽のマルシェ」（勝どき）、「ワテラスマルシェ」（神田淡路町）などは現在も開催されています。

そして今、「マルシェ」と名のつく活動が全国各地で広がりを見せています。都内だけでも定期開催しているものが20件以上はあると思います。農家が出店していないマルシェもあるため、農林水産省が当初思い描いた、農業者の所得向上の場になっているかはわかりませんが、もう一方の都市住民の農林水産業への理解を促進するという点では間違いなく効果が出ているはずです。

ではなぜ、ここまでマルシェがブームといえるほどに広がっていったのでしょうか。その要因には、マルシェが、主催企業や団体の思惑やメリットと合致していることが挙げられます。実際に、弊社が相談を受けた多くの企業や団体がマルシェを開催したい理由をピックアップすると、次の三つになります。

主催者が抱くマルシェのイメージ
①簡単に開催できそう
②集客効果が高そう
③コストが回収できそう

①簡単に開催できそう

何かイベントや企画を実施しなくてはならない人が、マルシェは簡単に開催できそうだと考えて相談を持ってこられます。そういう人たちにとっては「簡単に実現可能」なことが重要なのです。なぜなら、マルシェの開催は実際には簡単ではなくいろいろとクリアすべき課題やオペレーションがあることを告げると、トーンダウンする人が多いことがそれを物語っています。

②集客効果が高そう

そしてマルシェを開催すれば簡単に人が集まると思われがちです。しかし実際には、ただマルシェを開催するだけでは人は集まりません。

③コストが回収できそう

最後に、マルシェの場合は、出店者から出店料をもらいますので、イベントでかかるコストを抑えられると思われがちです。

写真2　ニューヨークのユニオンスクエア前で開催されているGreen Market

こうして簡易に、低コストで人が集まると考えた企業や団体がマルシェをやり始めた結果、ブームと言えるほど数が増えていったのです。

2章でも詳しく触れますが、この①～③は、完全に定着した完成形ともいえるマルシェになった状態で初めて成立するものです。始めたばかりのマルシェでは①～③を実現するのは不可能です。

マルシェはブームで終わるのか？

こうしたマルシェブームがバブルとしてはじけてしまうかどうかの鍵は、一過性のイベントや賑やかしではなく、ビジネスとしてマルシェを主催・運営していけるかどうかにかかっています。

各社がさまざまな目的や方法でマルシェを運営しています。多額の予算を使いマルシェを成立させている所もあれば、ほぼ手弁当でボランティアメンバーたちと実施している所もあります。前者は予算が尽きたら、後者はモチベーションが尽きたらすぐにでも終わってしまいそうな不安を覚えます。

以前、ニューヨークで視察したマルシェ（マーケット）は、明らかにビジネスとして確立していました（写真2）。運営事務局はマンハッタン島を含めかなり多くの場所でマルシェを開催しており、出店者も商品の質や量を見ても事業としてしっかり成立しており、連日各地のマルシェを巡って商売をしていました。もちろん、買物習慣や農業・食へのリテラシーなどが日本とアメリカでは異なりますので、一概には言えませんが、それでもマルシェをビジネスとして成立させていくことは不可能ではないと思います。

では、どうすれば日本のマルシェがブームで終わらずビジネスとして確立できるのでしょうか。

マルシェがブームで終わらないためのポイント

①マルシェの運営がビジネスとして成立すること
②行政による資金以外の支援体制ができること
③都市部だけではなく、地方にも伝播し定着すること

①マルシェの運営がビジネスとして成立すること

イベントとしてマルシェを実施する場合、多くは収益性を求めずにプロモーションの予算などから捻出してマルシェを開催します。しかし、これではいつか終わるマルシェになってしまいます。

マルシェをしっかりと構築してくことができれば、それを求める顧客がつきますし、出店者も事業として見込むようになります。だからこそ、マルシェの運営そのものがビジネスとして確立できることが重要なのです。

4章で弊社が運営しているマルシェのビジネスモデルを紹介しますが、ベースとなる出店料の売上だけでビジネスとして成立させていくことは簡単ではありません。出店料を高くすれば利益は出るかもしれませんが、今度は出店者が集まらなくなります。

②行政による資金以外の支援体制ができること

公共空間・まちづくりの観点からマルシェ（マーケット）について書かれた鈴木美央さんの著書『マーケットでまちを変える〜人が集まる公共空間のつくり方』（学芸出版社）では、ヒルズマルシェも事例として取材していただきました。

この本ではロンドン市がいかにマーケットを支援しているのかが描かれていますが、その中にこうした一文があります。

「行政が運営するマーケットは公有地で開催され、市が発行するロンドン自治法（London Local Authorities Act 1990）により規定が定められている。（中略）ロンドン自治法にはマーケット運営者である区が、道路をマーケットに指定する手順および出店者が出店する手順が具体的に示されている。（中略）ロンドン自治法では違反行為による出店ライセンスの剥奪など、現場での運営方法についても規定されている。この規定に従い、区の職員であるマーケットオフィサーが現場を取り

ハードル	ルール	管轄
・未包装、はだか販売の禁止 ・要冷蔵品／要冷凍品販売の制限 ・調理行為の禁止 （ただし、地元の祭りと同じ扱いで年間5日程度なら可能） ※フードトラックは除く ・肉類、魚類などの販売が禁止 ・試食、試飲行為の禁止	・行事開催届 ・臨時出店届	保健所
・公共道路の使用許可や使用時間、使用方法などの制限	道路使用許可	警察 行政

※保健所管轄のものは保健所ごとに、かつ担当者ごとに見解が分かれる内容が多いため、やりにくさに拍車をかけている。

表2　魅力的なマルシェ開催に向けてハードルとなる行政ルール

仕切る」。

民間運営のマーケットに関してはこれに含まれるわけではないようですが、ロンドンでは行政が細かくマーケットの管理においてルールをつくっていくことで、よりよいマーケットの運営につながっているのだと思います。

日本の場合は、行政支援＝補助金となってしまい、こうしたソフト面での支援が不足しています。しかし、マルシェを運営していて感じるのは、行政には資金援助ではなく、マルシェの成長の障壁となるルールの緩和や撤廃などを進めてほしいのです。特に保健所との販売商品をめぐるやりとりは悩みの種ですし、より面白くて魅力的なマルシェ開催の阻害要因となっています（表2）。保健所の判断も、自治体によって、あるいは担当者によって変わってくることがあります。ヒルズマルシェを開催する港区では許可されたことが、数

名称	場所	会場	開催日時
伊達美味マーケット	宮城県仙台市	サンモール一番町商店街アーケード内	毎月第2・第4火～金曜日 11:00 ～ 18:00
ミッドランドマルシェ	愛知県名古屋市	ミッドランドスクエア南側広場	毎月第4土曜日 10:00 ～ 20:00
淀屋橋 odona	大阪府大阪市	淀屋橋オドナビル前	毎週水曜日 14:00 ～ 19:00
ひろしまみなとマルシェ	広島県広島市	広島港ターミナル横の広場	毎月第1・第3日曜日 9:00 ～ 15:00
とくしまマルシェ	徳島県徳島市	しんまちボードウォーク	毎月最終日曜日 9:00 ～ 15:00
博多 FARMERS'MARKET	福岡県福岡市	JR博多駅前広場	年数回（5日連続） 11：30 ～ 19:00

表3　全国で展開されているマルシェ事例

キロしか離れていない浜町マルシェを開催する中央区では許可されないなどということが多々あります。そして地方都市で開催されるマルシェや行政が主催するイベントだともっと条件が緩和されていることもあります。道路使用許可などについても同様のことを感じます。

③都市部だけではなく、地方にも伝播し定着すること

マルシェの開催地は現在、東京に集中し、全国的には、「とくしまマルシェ」（徳島県、2010年～）、「ひろしまみなとマルシェ」（広島県、2012年～）など素敵なマルシェがあるとはいえ、まだまだ少ない（表3）。もちろん、昔からある朝市や農産物直売所や道の駅など類似の売場はたくさんありますが、対面販売で農家と消費者をつなぐ定期性のあるマルシェがもっと増えていってほしいと思います。

よく、地方では安いものしか売れない、地元では売れないから、農家がマルシェで販売しても売れないという、農家の意見を聞くことがあります。しかし、マルシェで売るということが、イベントではなくビジネスとして地元で定着すれば新しい可能性が広がります。農村の住民が皆農業に詳しいわけではなく、意外と地元の生産物の情報を求めていたりもします。今、札幌で挑戦している新業態のマルシェでは、まさに地方での新しいマルシェのあり方を提案することを目指しています。

この三つのポイントが確立されていくことで、主催者側・出店者側双方にとって継続的に開催・出店する価値のあるマルシェが生まれ、定期的に開催され続けることでさらに顧客が増えるというビジネスが成立するようになります。

4 コミュニケーション型移動小売業

日本のマルシェを定義する

マルシェを開催している最中に、通りかかった人から「これは何をやっているの？」と聞かれることがあります。こちらが「マルシェを開催しています」と答えると、さらにその方は「マルシェって何ですか?」と聞き返されるわけです。

さて、皆さんはなんて答えますか? マルシェのことを知らない人に伝えるには、「農家などさまざまな方が出店者として商品を販売するイベントのようなものです」という答えがわかりやすいのかもしれません。しかし、マルシェはイベントではありませんし、もっと魅力的な場所なのですが、それを的確に伝えるのは意外と難しいものです。

そこで、まずビジネスとしてのマルシェを定義することにしました。マルシェが生み出す場の価値や雰囲気、運営者として実施していることを加味して出てきたのが、この定義でした。

「コミュニケーション型移動小売業」

「コミュニケーション」「移動」「小売」の三つを掛けあわせる業態を指しますが、まずベースとなるのが小売業ということです。

実はマルシェを既存の業態として区分すると不動産業に当たると思います。主催者が場所を貸し出し、その場所代として出店料を支払い、事業者が商売を行っているからです。しかし、それではマルシェを伝えるのにしっくりきません。マルシェは食品、特に生鮮を中心とした販売場所であり、それ以外にも雑貨や総菜、飲食提供などもされる場です。これはまさにスーパーマーケットそのも

項目	マルシェ	直売所	スーパーマーケット
流通方法	出店者が持ち込み	農家が直接納品	市場から仕入
仕入方式	持込販売	委託販売（実売分が仕入扱い）	買取仕入
価格決定権	販売者が保有（自ら利益が出る金額設定で販売）	出荷側が保有（商品が重複しやすく、安くなりがち）	仕入側が保有（仕入金額に必要マージンを上乗せして販売）
販売方式	対面販売	セルフ	セルフ
鮮度	良い	良い	普通
品揃え	その産地の旬の農産物が集まる	産地に近いほど、商品が重複する傾向にあり、同じ商品が多い	旬に関係なく、需要に応えるべく一通り品揃えされている

表4　マルシェ、直売所、スーパーマーケットとの違い

のだと思います。スーパーマーケットは小売業に当たりますので、マルシェも小売業という定義づけの方がしっくりきます。

では、スーパーマーケットとマルシェは何が違うのでしょうか？　また、全国的に増えている直売所や道の駅とはどこが違うのでしょうか？　それを比較したのが表4です。

マルシェと直売所の大きな違いは、農家が販売に立っているかどうかです。直売所の場合は、農家が好きな量を持ち込み、自分で価格を設定するところまではマルシェと同じですが、商品を陳列し、販売オペレーションは店に委託しています。また、直売所の場合は地域単位での直売所が多いため、どうしても生産する品目が偏り、商品が重複し、結果として自分の商品が売れるようにと、品質や価値を高めることよりも価格を下げることで差別化を図ろうとします。

結果として、購入する側からすると直売所＝安いという認識が根づくようになります。

一方、マルシェとスーパーマーケットとの大きな違いは、品揃えの量・安定感と鮮度です。通常の市場流通の場合、収穫してから数日後にスーパーマーケットに陳列されるため、マルシェのようにその日の朝に収穫した農産物を農家が直接販売する商品とでは鮮度の差が出ます。商品の鮮度の違いは、美味しさの違いに直結します。日本では屋外で肉や魚を販売することは保健所のルールなどで難しいことが多く、商品の品揃えは当然ながらスーパーマーケットの方が圧倒的に多い。

また、マルシェは毎回同じ店舗が出ているわけではないので、いつも同じものを安定的に買える場所にはなりません。マルシェを「移動小売業」と定義するのは、さまざまなマルシェを出店者がノマドワーカーのように移動して出店し続けているからです。マルシェが出現したことで、事業者は固定した店舗を持たなくても、ビジネスができるようになりました。また運営者も、そのマルシェのマーケットに合った出店者や商品の種類、クオリティを調整しながら出店者（スーパーマーケットでいう棚割り）を移動させていきます。

そして、スーパーマーケットや直売所とマルシェとの大きな違いが販売方法です、マルシェの魅力を決定づけるのは、「販売商品の品質」×「販売員の能力」なのです。これが「コミュニケーション型」という定義の意味です。

セルフ販売が主流となった最近のビジネスにおいて、マルシェの場合は1・8メートルの机一つ一つに販売員がつく超密集型対面販売方式です。マルシェでは、地方の商品や高品質だが小ロット、高単価の商品、農家自ら生産した農産物など、利用客が普段目にすることがない商品がたくさん並びます。そうすると、その商品に対して興味が湧き、どんな商品なのか、どう調理したらよいのかと、出店者に質問をしたくなります。

そのため、どんなに良い商品だとしても、説明を満足にできない販売員では売上は上がりません。逆を言えば、常連出店者と常連利用客の間には、このコミュニケーションが十分にとれ、信頼関係が構築されているため、売上をスムーズに上げることができます。

ステークホルダーにとってのマルシェ

マルシェを「コミュニケーション型移動小売業」と定義しましたが、これをもう少し具体的に、マルシェに関わるステークホルダー四者の視点から説明します。

ステークホルダーにとってのマルシェ

①主催者・運営者の目的
②出店者の役割
③顧客への約束
④生産地（地方）との連携

主催者・運営者

【長期的に持続する場所へ】

近隣住民やワーカーに対して長期的に持続する場所づくりを行うことが、マルシェを日常化させていく大前提となる。

（マルシェの定義）
- 開催：月2回以上
- 頻度：1年以上継続実施
- 規模：10店舗以上
- 販売：つくり手or代弁者による相対販売
- 商品：食料・生鮮が軸
- 対象：近隣住民・ワーカー

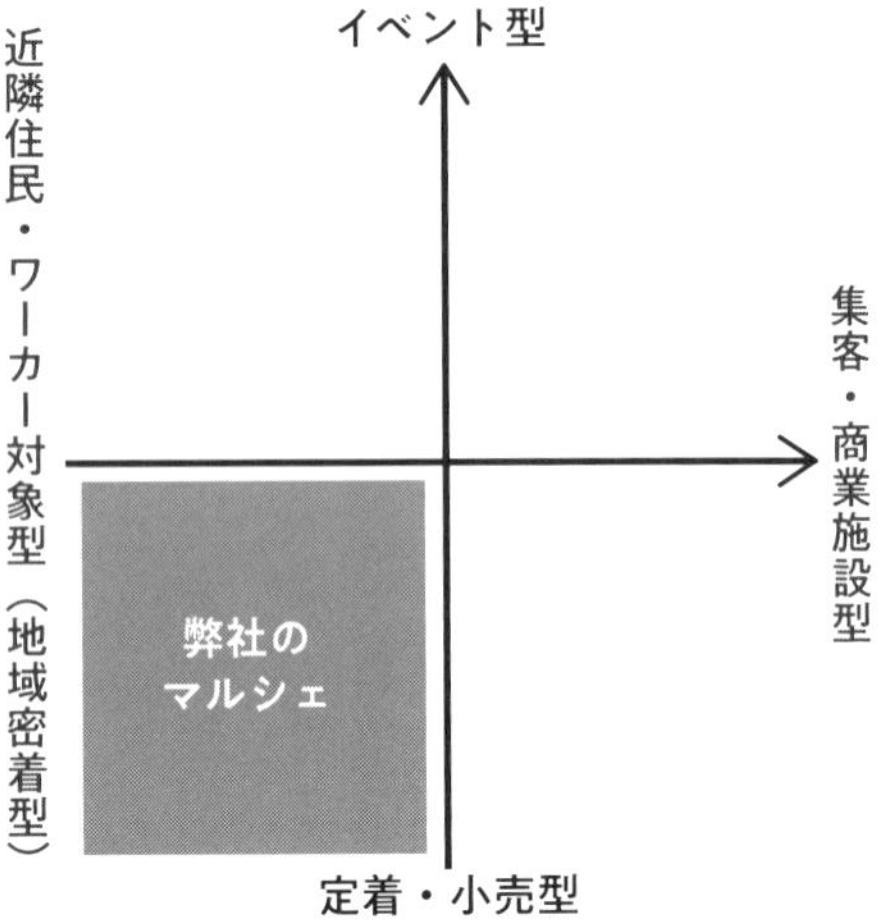

図2　主催者・運営者の目的

①主催者・運営者の目的

場を提供しマルシェを開催する主催者と運営者にとって、マルシェの目的をどう位置づけるかについて、マトリックスの軸を、下記の二つで考えます（図２）。

・定着性
・販売対象

弊社が運営するマルシェで目指しているのは、より地域密着型で地域にしっかりと定着するマルシェです。先ほどからスーパーマーケットを対比で出していますが、スーパーマーケットはイベントではありません。日々の生活に密着した買物ができる場所です。それはマルシェもまったく同じことが言えますし、そうなるべきだと考えています。

こうした活動は一過性のイベントに比べると集客力や賑わいは劣りますが、リピーターとなるファンを増やしていけば、長期的に持続する売場になります。そして、近隣住民やワーカーの暮らしに欠かせない食料

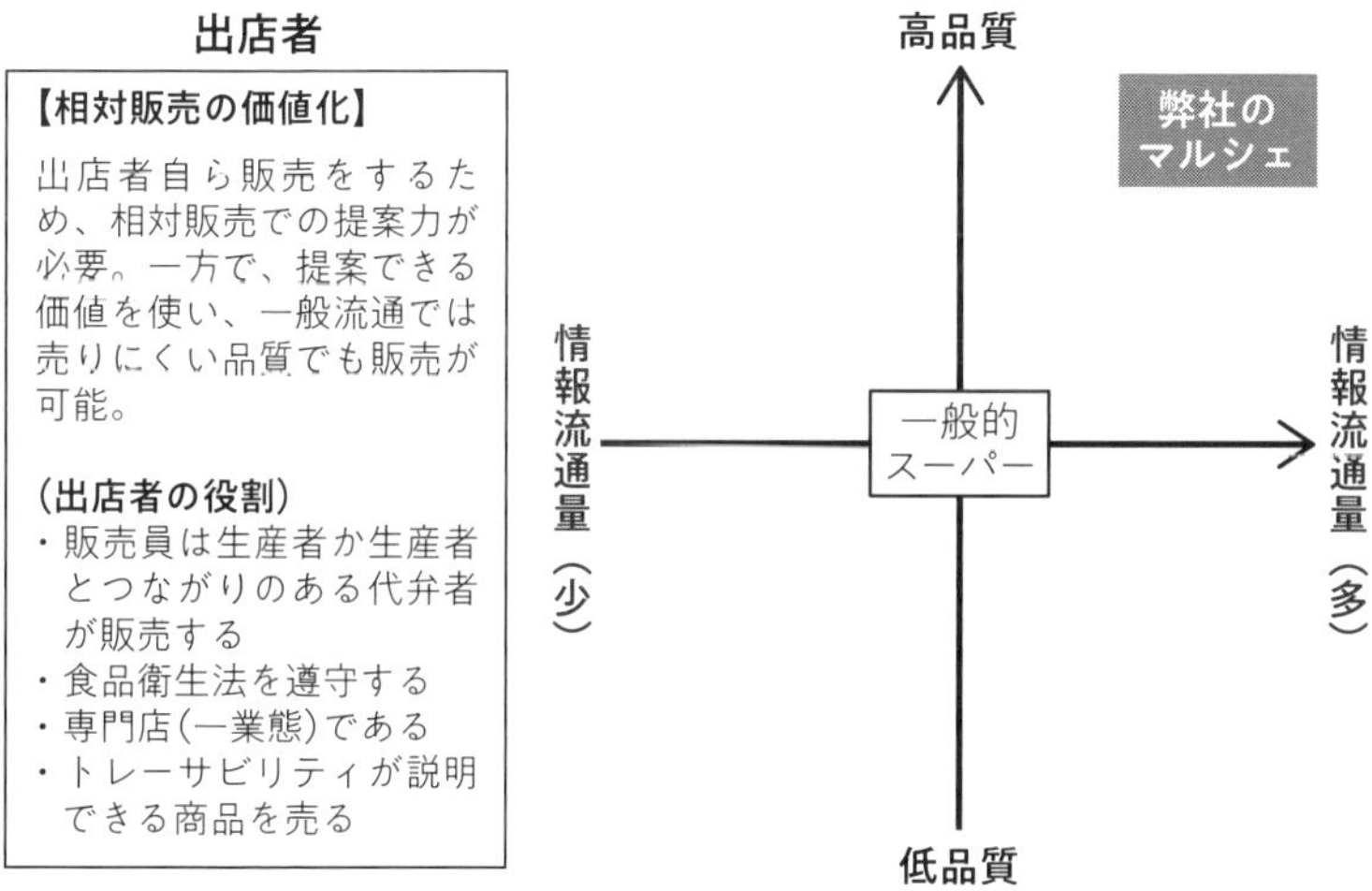

図3　出店者の役割

品を買う場であり、コミュニケーションが生まれる場であり、楽しみの場として成長を遂げられます。そのためにも、マルシェは月2回以上は開催し、継続し続けることが大切です。

②出店者の役割

どういった出店者に出店してもらうかは、マルシェづくりにおいて大変重要です。出店者に求められる役割について、マトリックスの軸を、下記の二つで考えます（図3）。

・品質
・情報流通量

一般的なスーパーマーケットが標準と捉えた場合に、マルシェの商品の品質は、鮮度という点においても高いことが望まれます。わざわざスーパーマーケットより品質が劣る商品をマルシェに買いにくる人はいません。もしそうしたお客が多く集まるマルシェになってしまったとしたら、それは主催者・運営者側の失敗と言えます。マルシェにとっては、棚割り＝出店者選択が事業成功の肝の一つと言えるからです。

弊社では、書類審査＋面接審査を前提として出店者を募集していますので、出店希望を出したらすぐに出られるマルシェよりも出店のハードルは高いです。こうした手間をかけることは、商品の質や出店者の能力をきちんと見させてもらい、マルシェ全体の質の向上を目指す狙いがあります。

また、弊社ではマルシェの出店者を「つくり手」と「目利き」に区分しています。

・つくり手＝農業者やデザイナーなどの生産（製造）者

・目利き＝仕入業者

弊社のマルシェでは、つくり手、特に農業者を優遇して出店してもらっています。小さな売場での対面販売においては、商品に対しての想いを伝え、利用客に納得して購入してもらえる舞台を最大限活用できるのは、つくり手だという考えからです。

目利きに出店してもらう場合は、より確かな商品を販売し確かな情報を伝えられる人に出店してもらうことにしています。なかには、生産・製造現地に行っていない、生産者・製造者とつながっていない仕入れ業者もいますが、生産者や商品に対する情報が不十分な状態では、商品は売れませんし、利用客との信頼関係を築くこともできません。

ヒルズマルシェに長年出店してもらっている、「さがみこ有機畑」（神奈川県相模原市）の熊谷隆雄さんは神奈川県の農家らと組み、マルシェで売れる商品を生産しながら販売しています。そのため、商品や生産者に対する知識はもちろんのこと、商品の見せ方などもとても上手で、常連客が後

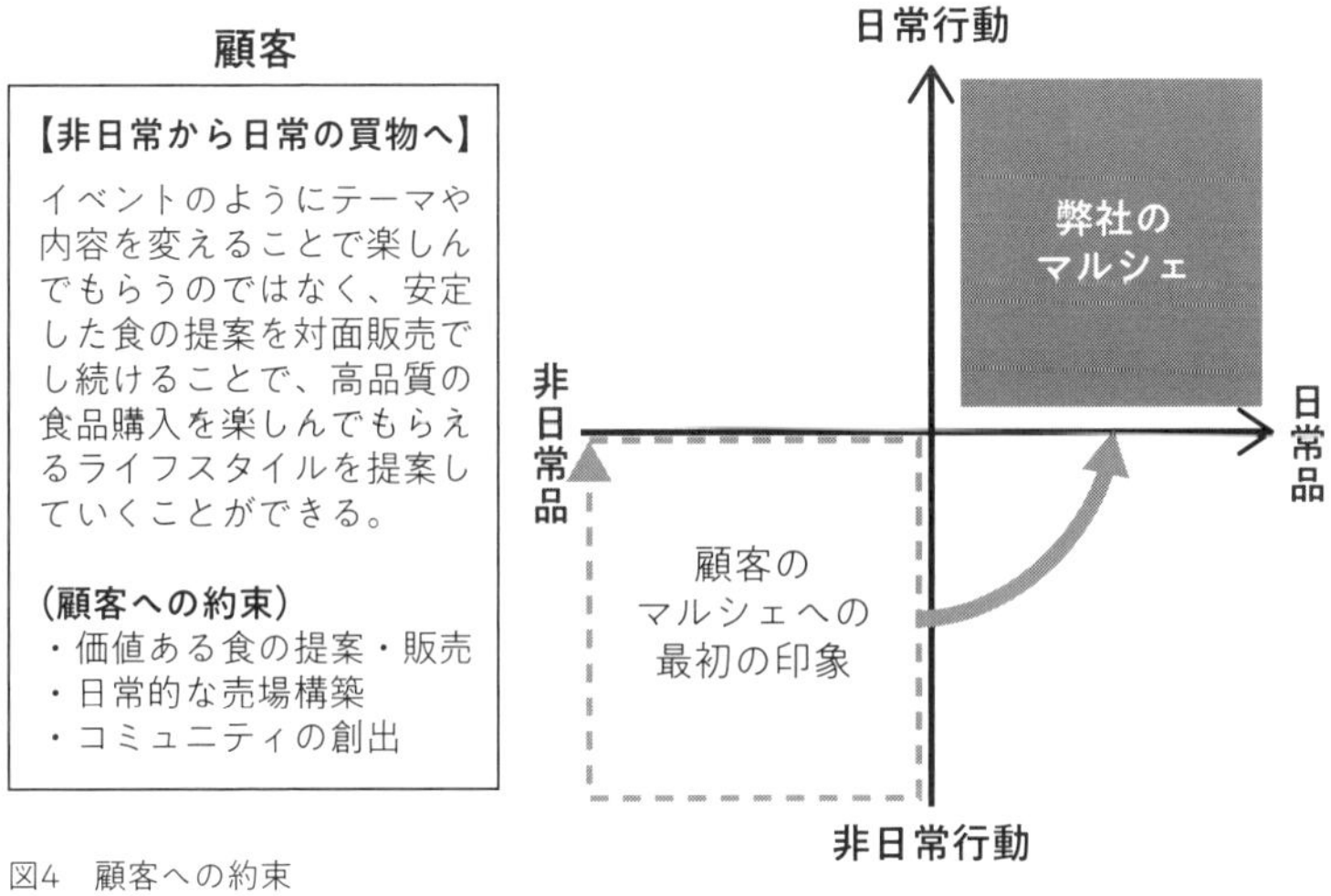

図4　顧客への約束

を絶ちません。

③顧客への約束

顧客の暮らしにマルシェがどんな変化をもたらすかについて、マトリックスの軸を、下記の二つで考えます（図4）。

・行動の日常性
・商品の日常性

まだマルシェがよくわからない人が多い状況では、マルシェでの買物は非日常体験であり、普段買わないような商品を買ったりして、マルシェは特別な場所だと認識されます。ところが、生活圏内に定期的に開催されているマルシェがあることで、最初はイベントのように捉えていたマルシェが、ごく当たり前のように日常生活に取り込まれ、最初は珍しいものばかりをかっていたのが、だんだんと出店者とコミュニケーションをとることにも慣れ、野菜や果物、調味料、卵といった日用品の買物へと変化していきます。

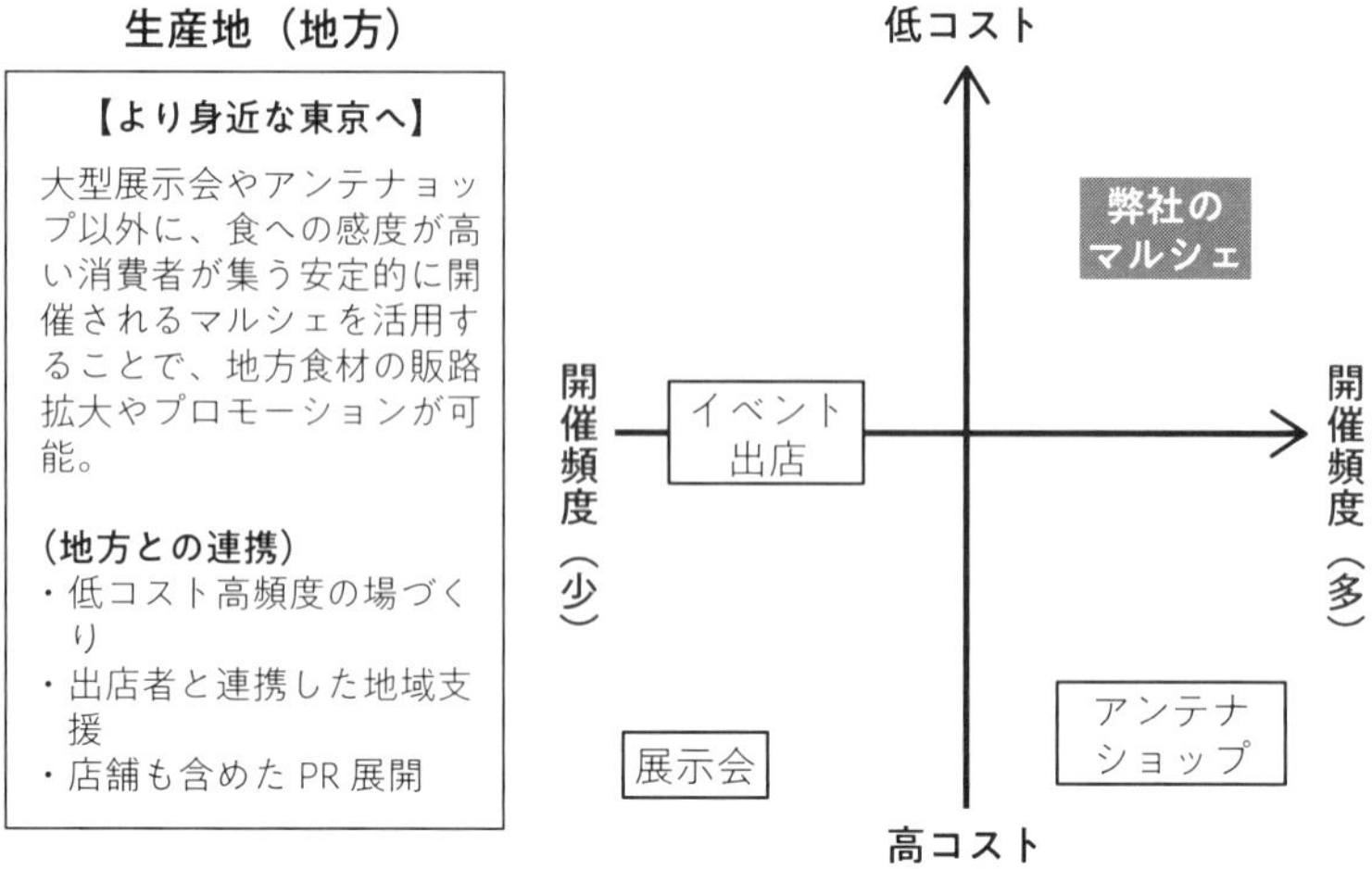
生産地（地方）
【より身近な東京へ】
大型展示会やアンテナショップ以外に、食への感度が高い消費者が集う安定的に開催されるマルシェを活用することで、地方食材の販路拡大やプロモーションが可能。
（地方との連携）
・低コスト高頻度の場づくり
・出店者と連携した地域支援
・店舗も含めたPR展開
低コスト
高コスト
開催頻度（少）
開催頻度（多）
弊社のマルシェ
イベント出店
展示会
アンテナショップ
図5　生産地との連携

こうしてマルシェという食の市場が生産者と消費者のライフスタイルの一部となっていきます。そうした状況を生みだすのが運営者の役割であり、コミュニケーション型移動小売業の成果となります。

④生産地（地方）との連携

そして最後に、生産者のいる地方とマルシェの消費者のいる都市との連携について、マトリックスの軸を、下記の二つで考えます（図5）。

・コスト
・開催頻度

全国の自治体で行われている活動の一つに、地元商材の販路拡大支援があります。最近では輸出という大きな柱も出てきましたが、依然としてターゲットのメインは東京を中心とした大消費地になります。各自治体は年1回の大規模な展示会へ出展し、商材のマッチング支援等に予算をつけています。そうした自治体による支援活動の一環として、新しくマルシェの活用も加えてもらえるようにしていきたいです。

その理由としては、年1回開催される大規模イベントより、定期的に開催されているマルシェを活用してもらうことで、地方の農家や事業者にとって、消費地での販売経験を対面で積み重ねながら、価格調整・販売方法・訴求方法・価値創出などを身につけてもらえるからです。それが、地元商材と地元人材を育成することにつながります。

6次産業化を学ぶ場所にもなる

もう一つ視点を付け加えると、マルシェは6次産業化を促進・体現できる場所にもなります。6次産業化とは、農家が野菜などを生産出荷する＝1次産業にとどまらず、農産物の加工（2次産業）や、販売・観光農園の体験など3次産業も行っていくことで、所得の向上を目指すものです。2016年度では、加工・直売、輸出、都市と農山漁村の交流等の7分野の市場規模を合わせると6・3兆円あり、農林水産省としては10兆円を目標として掲げています。

とはいえ、農家の本業は、取引先に求められる品質の農産物を一定量安定的に供給することであり、日本の農家は小規模事業者（家族経営）が圧倒的に多いため、いきなりあれこれと加工や観光などを実施するのは容易ではありません。そうすると、6次産業化を考える時に最初に学ぶべきは、

1次（生産）＋2次（加工）＋3次（販売）＝6次　ではなく、
1次（生産）＋3次（販売）＝4次　だけで十分です。

4次産業の実施にはマルシェが活用できます。マルシェに出店し、自ら販売をすることは、3次産業（販売）の経験を増やすことに他なりません。特に弊社のようなリピーターが多く近隣住民向けに定期的に開催をしているマルシェにおいては、消費者向け販売を経験する＝消費地（者）の求めているコト・モノを知る、ことができます。こうした4次産業が自社農産物の価値・差別化要因を発掘することにつながります。

たとえば、都市部で初めてマルシェ出店をする米農家が、30キロ、10キロ単位の米を販売したら、お客さんの反応はどうでしょうか？　車で来ていない人はその重さを買うでしょうか？　年配のご夫婦でその量を食べきれるでしょうか？　試し買いできる量でしょうか？　マルシェに出店し続けることで、消費者像、また彼らが欲しい商品がクリアにイメージできるようになります。

また、マルシェに出店すると、他の出店者とのコミュニケーションも生まれます。その中には、2次産業の食品製造事業者もいます。直接的な事業連携に結びつくというよりは、実践者の生の声を聞くことができるのはチャンスです。商談会などで営業やマッチングなどの場になっても相手が求めていることが何なのか、相手の業態はどんな仕事の仕方をしているのか、そうした情報を得ることは、販路拡大や加工事業への展開などにも役立つはずです。その延長線上に、農家と食品製造

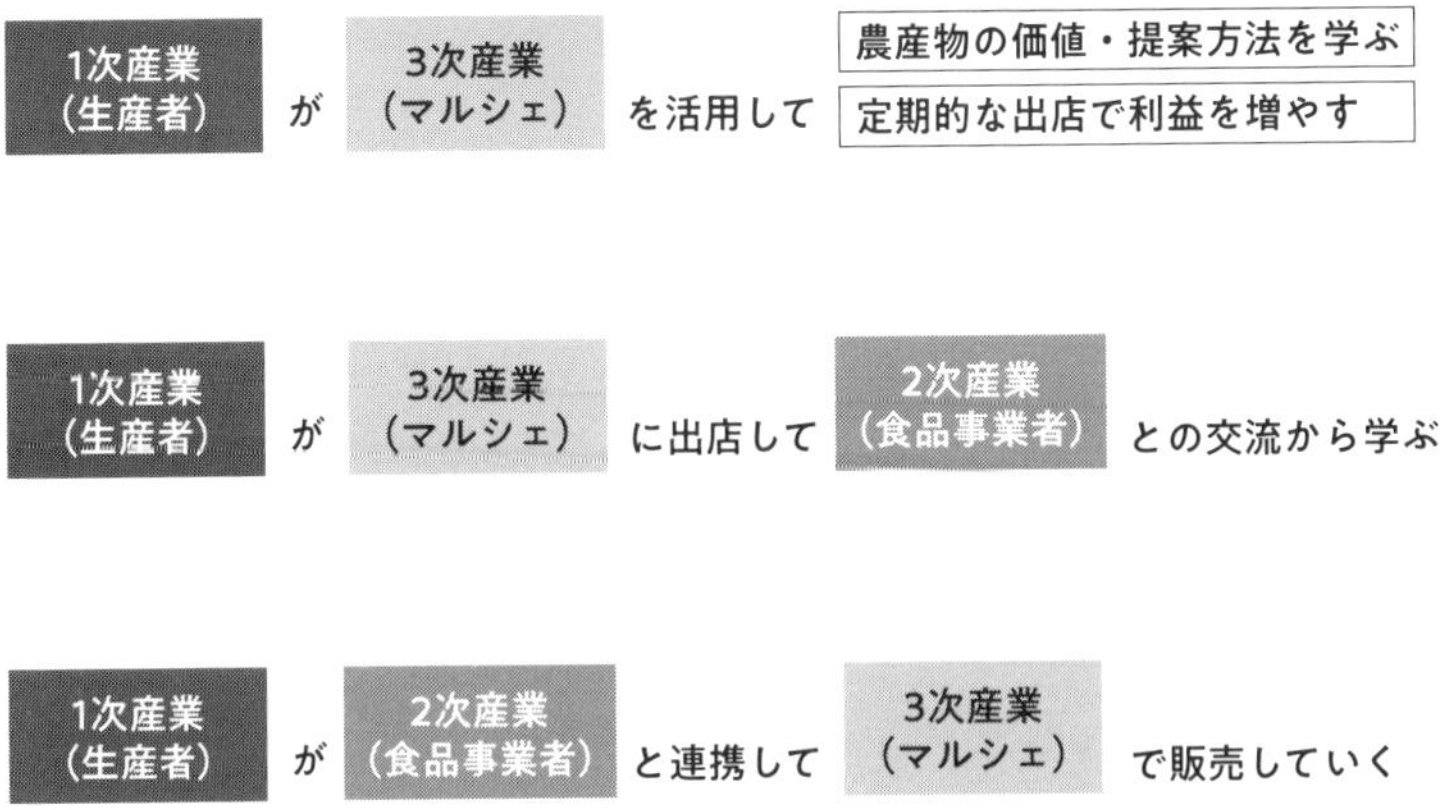
1次産業
（生産者）
が
3次産業
（マルシェ）
を活用して
農産物の価値・提案方法を学ぶ
定期的な出店で利益を増やす
1次産業
（生産者）
が
3次産業
（マルシェ）
に出店して
2次産業
（食品事業者）
との交流から学ぶ
1次産業
（生産者）
が
2次産業
（食品事業者）
と連携して
3次産業
（マルシェ）
で販売していく
図6　6次産業化としてのマルシェの使い方

事業者とがコラボした商品開発につながる事例もたくさんあります。

このように、1次産業である農家がマルシェを上手に活用していくことで、6次産業化と同様の効果を得ることができます（図6）。都市生活者のニーズをつくり手が直接感じとり、新しい商品開発（品目・品種）や提案方法（売り方、見せ方）を学び、農産物販売で利益を出す事業者へと成長していく機会につながるのがマルシェの利点ですし、2次産業や飲食事業者との接点が増え、直接的な販路拡大にもつながる場所でもあります。4次産業（価値と提案を知る）から始まり、6次産業（2次との活用）へと事業が発展する可能性が詰まった場所がマルシェなのです。

スタートアップに最適な場所

先に紹介した鈴木美央さんの著書は『マーケットでまちを変える』でしたが、私の捉え方は、「マルシェが小売ビジネスを変える」です。

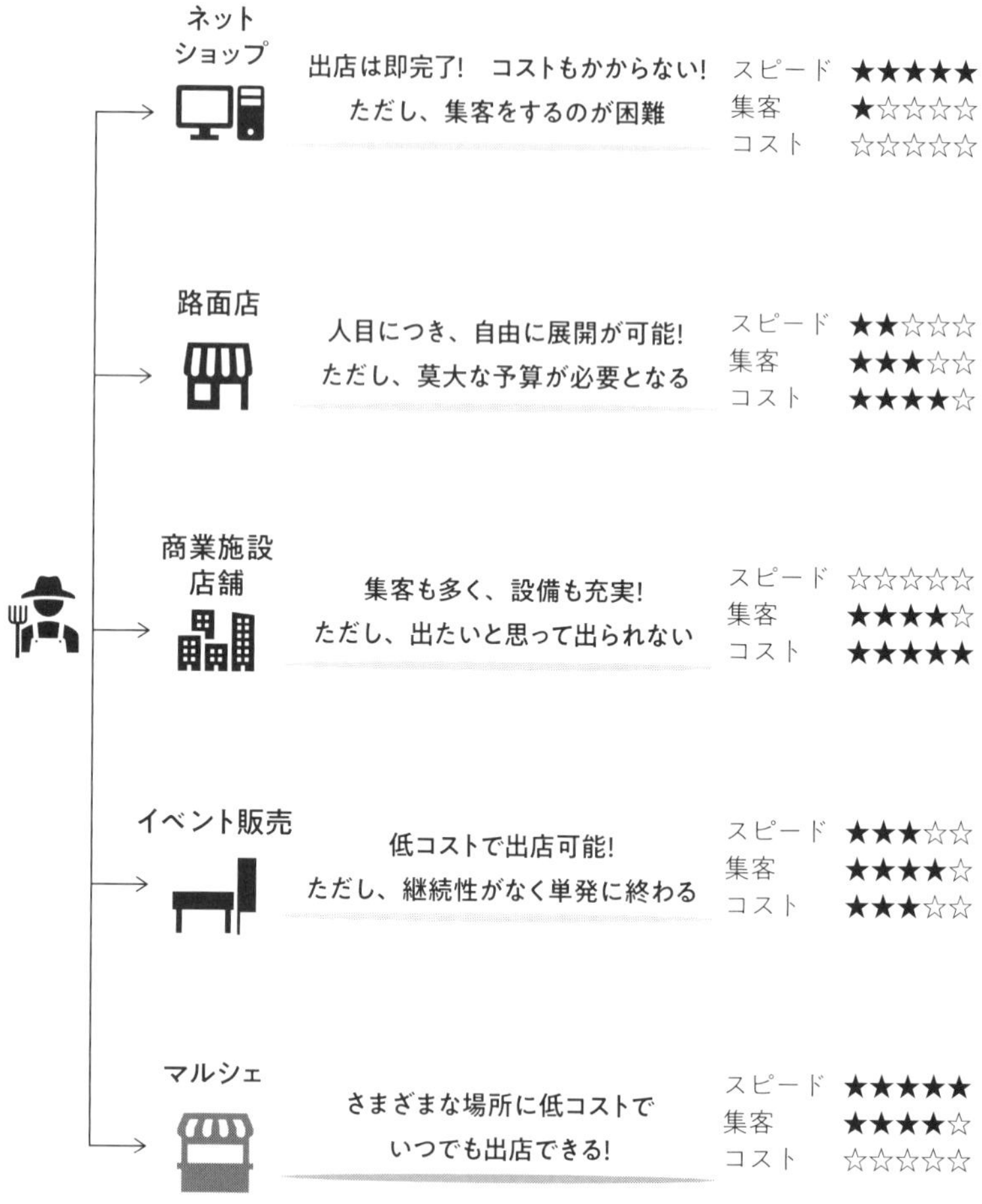

図7　小規模事業者が店舗を持とうとした際のメリット／デメリット

図7に示す通り、小規模事業者が売場を持つ場合、この5パターンがあります。

今の時代、BASEやSTORESといったサービスを活用すると5分程度で無料の販売サイトがつくれます。つくるのは簡単ですが、ユーザーに見つけてもらうのは至難の業です。なぜなら、店の存在を知らないので、探すという行為すらできないからです。

また、事業者にとって自分の店を持つというのは憧れでもありますが、路面店舗を持つことや商業施設にテナントとして入ることは莫大な資金と同時にリスクが発生します。商業施設の場合は事業者が希望しても運営者が許可しなければ出店できません。

そして、無店舗型のイベントやマルシェに出続けるという選択肢があります。都内のマルシェではこうした事業者が多くいます。こちらは低コストで販売が可能ですし、集客できる場所ですので、お客さんが自店のことを知らなくてもある程度の売上は獲得できます。しかし、単発のイベントではリピーターの獲得が難しくなり、別の売上獲得方法を探さないといけません。

マルシェなら予算がなくてもすぐに出店可能ですし、マルシェに出店をするということは、その開催場所に一時的であれリアルな店舗を構えることと同じです。出店するすべての事業者にとって、これほど容易にかつ安価に、自由度が高く消費者への販売網がつくれたり、飲食店などへの販路拡大につながったり、新しい商品開発のマッチング相手を見つけることができたり、新商品のプロモーションやマーケティングを行える場所は他にはありません。多くの事業者にとってマルシェはスタートアップに最適な売場を提供できる場所です（写真3）。

写真3　毎週広場に出現する売場。ヒルズマルシェの設営前（上）、開催時（下）

2章

マルシェのつくり方

開催・運営のノウハウ

1　マルシェを始める前に知っておきたいこと

それ、マルシェじゃないとだめですか？

2章は、マルシェの主催者、運営者になろうとしている人に向けて、開催・運営のノウハウを解説します。

さて、いきなり否定的な問いかけから始めますが、マルシェの開催・運営に関する相談をもらった時によく思うことがあります。

「それ、マルシェじゃないとだめですか？」

1章でも述べましたが、マルシェは簡単に運営できて効果がすぐ出ると思われることが多いのですが、そもそもマルシェを開催する目的を持っていなくて（もしくはマルシェの開催が目的化してしまっていて）相談に来られる場合も多いからです。

弊社にご相談をいただいた際に、こちらから「なぜ、マルシェを開催したいのですか？」と、毎回質問をさせていただきます。しかし、ブームとなっている現状では、「集客につながるイベントをしなくてはいけない」「新しい取り組みをする必要がある」といった理由から、「とりあえずマルシェ」が企画されているのが現状です。

過去に一度関わらせていただいたあるマルシェでは、マルシェを開催する目的が「社長がマルシェが大好きで、是非やりたいと言っているから」という驚きの内容でした。案の定、そのマルシェは大コケしました。そうした私自身の苦い体験から、主催者・運営者は、まず「なぜ、マルシェをやるのか」について考えることをお勧めしています。

ポイント
〇マルシェを行う明確な目的をもって取り組む
〇マルシェ以外の選択肢も同時に考えてみる

当然ですけどお金がかかります

当たり前のことですが、マルシェを開催するにはそれなりに費用がかかります。費用としては大きく二つあります。

マルシェの開催にかかる費用

①設備・備品代（イニシャルコスト／一部消耗品はランニングコスト）
②運営費用（ランニングコスト）

①設備・備品代（イニシャルコスト／一部消耗品はランニングコスト）

具体的な備品については、後述しますが、屋外でマルシェを開催する場合は、次のようなものが必要になります。

・テント（およびそれに関わる備品）
・机（およびそれに関わる備品）
・販売用備品
・事務局備品

どこまで主催者側で用意するかは検討が必要ですし、購入するのかレンタルするのかなど工面の方法もさまざまありますが、項目としてはこの4分類になります。また一部は消耗品なので継続的にかかる費用にもなります。

②運営費用（ランニングコスト）

マルシェを開催する運営者（事務局）に支払う費用です。運営業務については後で詳しく紹介しますが、当日の運営以外に準備業務も多々あります。

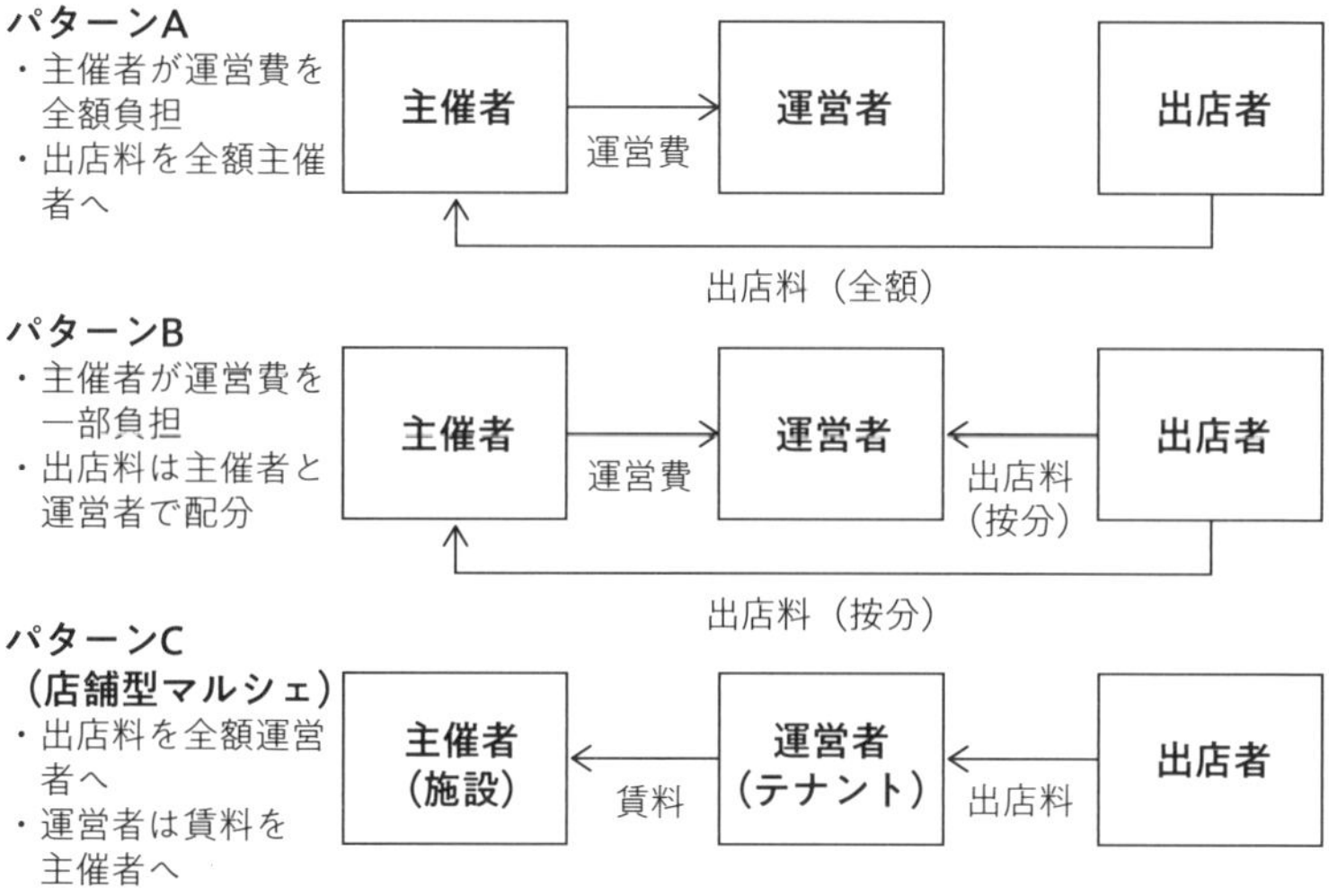

図1　運営費と出店料の流れ

弊社が運営してきたマルシェの場合、運営費と出店料の流れは図1のようなパターンがあります。基本的にはパターンAの、必要な運営費用全額を主催者から固定でいただき、一方で出店者からの出店料は主催者へ全額お支払いするか、パターンBの、運営費と出店料を按分していただくかに分かれます。パターンCは、札幌で運営している店舗型の通年開催マルシェの例で、テナントとして施設側に賃料を払うモデルになっています。

もちろん、マルシェの運営者の中には、安さを売りにして開催場所を増やしている会社や、設備一式を保有して低コストで開催をサポートできる会社などさまざまなスタイルがありますので、弊社のやり方はそれらの中の一つでしかありません。

いずれにしても大きく二つの費用が発生します。もちろん出店料やその他方法で費用を回収することは可能ですし、安定的に開催していくことでランニングコストを抑えることも可能ですが、弊社のような地域密着の定着型でマルシェを開催する場合、費用を回収するにはそれなりに長い時間が必要となります。

自動的に出店者は集まりません

当然ながら、マルシェを開催すれば出店者が集まるというものでもありません。出店者募集は、運営者の重要な業務ですが、開催に向けて主催者と相談する段階で、その場所でその日程で出店者募集が可能かどうかを考えなくてはいけません。弊社の場合、出店者の書類・面接審査まで行いますので、他の運営者より余計に時間がかかったり集まりにくかったりすることはありますが、それを除いても経験上、出店者を集めるのが難航するパターンがあります。

出店者集めが難航する三つの条件

①都内での週末開催
②立地・日程
③こだわりが強すぎる

①都内での週末開催
都内などマルシェが多い地域では、需要（開催場所）と供給（出店希望者）のバランスが合致せ

ず、需要過多になる場合があります。マルシェは基本的に週末開催が多いため、新規で週末にマルシェを開催する場合はなおさら出店者集めが難しくなります。

②立地・日程

明らかに人気がない立地や、一方で人通りはあっても、生鮮品や食材を購入する立地ではないという場所もあります。また、あまりにも開催準備期間が短いと、出店候補者がすでに別の予定を入れていることもあります。最初にマルシェを開催する場合は、少なくとも2カ月前には告知して出店者を募集できるようにしておくのが望ましいです。

③こだわりが強すぎる

マルシェにそれぞれコンセプトがあることは大事なことですが、それが出店者募集に直結するような場合には、苦戦を強いられることがあります。たとえば、○○県の出店者限定、伝統野菜限定などです。関連団体の全面的なバックアップのもとで単発で開催するマルシェならよいかもしれませんが、定期的に長期間開催するマルシェには向いていません。

このように、出店者募集に難航するパターンを理解しつつ開催の事業設計を行っていくことが重要になります。

2 開催までに準備すること、スケジュール

開催地の周辺環境を把握する

マルシェの開催を主催者から依頼された場合、運営者はまず開催予定地に足を運び、周辺環境や、開催可能な場所なのかどうかを確認します。特に、東京など都市部で開催する場合、広い公園などよりビルの公開空地等での開催が多くなるため、現地で確認しておくべきポイントがいくつかあります。

開催場所について確認すべきポイント

①備品の倉庫の確保
②使用可能エリアと耐荷重
③駐車場と搬入出ルート
④天候リスクと回避場所
⑤施設店舗との調整
⑥メインターゲットの動線

①備品の倉庫の確保

定期開催を予定している場合、主催者や運営者で準備するマルシェの備品をしまっておく倉庫があるかは運営上大きなポイントになります。既存の敷地内にある倉庫や空きスペースがあって、備品の搬出入に使うかご台車を複数置けるスペースが確保できるかどうか、また会場までかご台車がスムーズに移動できるかどうかを確認します。たとえば段差があったり、天井が低かったりして、台車の移動がスムーズに行えない場所は倉庫として使うことができません。

ポイント

❍備品の保管場所は確保できるか
❍保管場所と会場はスムーズにかご台車が移動できるか

②使用可能エリアと耐荷重

ビルの所有者の敷地と公共空間や他の地権者の敷地がつながっているなど、一見地続きに見えて所有者が違う場合、実際にマルシェで活用できる部分が見た目以上に制限されることがありますので、よく確認をしておく必要があります。公共空間を活用したい場合は、役所の担当窓口で使用許可をもらう必要があります。

もう一つ確認が必要なのが、荷重制限です。1平米あたり何キロまでの重量負荷がかかっても問題ないかというもので、地下フロアがあるような場所では基本的に荷重制限が設定されています。

大型のキッチンカーや大型トラックを搬入出で使用する場合などは確認が必要になります。

ポイント

○会場候補地の使用可能エリアは確認できているか
○公共空間にまたがる場合、その利用申請・許可は受けているか
○荷重制限の確認はできているか

③駐車場と搬入出ルート

都市部で開催するマルシェでは、出店者が搬入出に使う車を停める駐車場が問題になります。弊社が運営するマルシェでも駐車場のフォローをしていないマルシェもありますが、開催前には主催者を含めてどのように駐車場問題をクリアするかを調整しておく必要があります。

まずは開催場所のビルや施設の駐車場を優先的に使用することができるのかどうか、使用できない場合は近隣にどういった駐車場があるのか、近隣の駐車場の使用率はどうなっているかなどを確認します。

ポイント

○施設もしくは提携先の駐車場が優先利用できるか
○右記が難しい場合、近隣駐車場の把握と開催曜日・時間の利用率を確認する

④天候リスクと回避方法

マルシェは屋外で開催することが多く、当然ながら天候リスクは発生します。悪天候の中でも開催する段取りをしておく必要があります。雨に当たりにくい場所を使えるか、テントの配置やレイアウトを調整して少しでも雨にあたらない工夫をします。

また、ビル群の中でマルシェを開催する場合、風が大きな障害になります。天気予報の風向きや風速はまったく当てにならないことが多いです。風に耐えられるテントの設置や機材を準備するなど、安全面での対策が必要になります

ポイント

- ❍雨が当たりにくい避難場所、雨天時のレイアウト準備をしているか
- ❍強風時の安全面対策や中止判断を明確にしているか

⑤施設店舗との調整

マルシェを開催する際に重要なのが施設テナントとの共生です。施設内のスーパーマーケットや飲食店舗からすると、マルシェの開催で自店の売上が下がることを懸念し、マルシェの開催に反対する店舗が出てきます。

しかし、実際には、マルシェの利用客が施設内のテナントにも足を運び、売上増につながる場合が多いのです。そうした効果も含めて、施設内のテナントには丁寧に説明をして理解してもらう必

要があります。また、マルシェ全体の出店枠に対して一定の割合内であれば、そうした施設テナントにもマルシェに出店して一緒に盛り上げてもらうのもいいでしょう。

ポイント

○施設テナントに対しての丁寧な説明と対応ができているか
○マルシェに出店してもらうなど、施設テナントとの関係性を構築していく

⑥メインターゲットの動線

マルシェでメインターゲットにする利用客の動線の設定も重要になります。たとえばオフィスワーカーをメインターゲットにする場合、彼らがオフィスビルから駅などへ移動する導線上にマルシェを設置したり、ワーカーが行動できる時間帯（昼食時、退社時）に開催したりする工夫が必要です。

近隣住民をメインターゲットにする場合は、そもそも住民の人数やその属性によってどんな行動パターンをとるのかを把握し、会場予定地内でのレイアウト、開催曜日・時間の設定などの調整が必要になります。

ポイント

○ターゲットのライフスタイルなどを把握しているか
○ターゲットが無理なくマルシェに買物に来られる場所・時間で開催できるか

①主催者・運営者準備	②広報関係
・座組（主催・共催など） ・会場確認（周辺環境確認） ・マニュアル作成 ・備品準備・購入 ・予算編成 ・日時調整 ・名称確定 ・全体スケジュール調整 ・当日レイアウト制作	・ロゴ制作 ・チラシ・ポスター制作 ・HP・SNS開設 ・プレスリリース ・情報解禁日調整 ・SNSでの情報発信
③出店者対応	**④許認可取得**
・出店枠や条件設定 ・出店者募集 ・出店者確定 ・販売品目確認 ・新規出店者の審査 ・悪天候での開催判断、連絡	・利用許可 ・後援申請 ・道路使用許可 ・期限付酒類小売業免許届出の対応

表1　マルシェ開催までに準備すべきこと

開催までのスケジュール

開催地の確認以外にも、マルシェを初めて開催する際には準備することがたくさんあります。ここでは四つに分類して準備内容を整理し（表1）、実際のスケジュールも紹介します（表2）。ここで紹介するのは、あくまでも最短時間で開催する場合のスケジュールです。

備品を準備する

次に準備しなくてはいけないのが備品です。メインはテントなどの設備部分になります（写真1、2）。一番個性が出るのがテントのデザインになりますが、オリジナルテント幕をつくる場合は、開催3カ月前にはデザイン決定と発注が必要になります。また、机や電

日程	広報	出店者対応	許認可取得
3カ月前	ロゴ制作	出店枠や条件設定	※必要に応じて ・利用申請 ・道路使用許可 ・後援申請
2カ月前	チラシ・ポスター制作 HP・SNS開設 情報解禁	出店者募集	
1カ月前	プレスリリース配信 SNSで情報発信 （以降継続）	出店者確定 新規出店者の審査 販売品目確認	販売品目に応じて、出店者の期限付酒類小売業免許届出の対応
開催前日		悪天候での開催判断、連絡（必要に応じて）	
開催当日	運営	出店	

表2　理想的なマルシェ初開催までのスケジュール

源ドラムなどをすべてゼロから新調する必要はなく、社内で使われなくなった備品を集めてもいいでしょう。

一方、主催者ですべての備品を準備する必要もありません。以前、ニューヨークのファーマーズマーケットを視察した際には、テントもテーブルも什器もすべて出店者が自前で持ち込んでいました（写真3）。もちろん、それだけの備品を搬出入できる車を駐車できる広さがあってのことですが、テントも什器も出店者の個性が出て、歩いているだけで楽しくなってきます。

ポイント

- ❍オリジナルテントにしたい場合は3カ月前にはデザインを決定・発注する
- ❍備品が新品である必要はないし、レンタルすることもできる
- ❍主催者・運営者側がすべての備品を用意する必要はない

写真1　ヒルズマルシェのテントのデザインと横断幕

写真2　ヒルズマルシェの出店者に貸し出している備品

写真3　テントもテーブルも自前で行うニューヨークのマーケット風景

マルシェを開催する際に必要な備品リストが表3になります。開催する規模や頻度、会場の条件などによっても異なるので、あくまで参考としてご覧下さい。

他にも、チラシ・ポスターの制作・発注業務も運営者が担うことがあります。簡単な開催案内のポストカードなどは運営会社内で制作しますが、大掛かりなイベントやマルシェの場合は、プロに外注します。その場合には、情報収集、概要確定、写真などの素材集め、デザイン発注などのスケジュールを押さえないと、告知期間が短くなり集客にも影響しますので、意外と要注意な準備項目になります。

出店者に向けたマニュアルを準備する

備品のほかに、関係者、特に出店者に向けた運営マニュアルの作成も必要となります。開催地によってルールや仕様が変わってくるため、しっかりとしたマニュアルがないと出店者の行動に混乱が生じます。また、開催するごとに少しずつ状況やオペレーションの変化も生じますので、それに応じてマニュアルも作成し直していく必要があります。

弊社が運営するマルシェでは、新規出店者に一通りのマニュアルを送ります。継続出店者には、変更したルールや臨時ルール・オペレーションなどをメールで伝えます。

具体的にどんなマニュアルを作成しているのかは表4の通りです。

分類	項目	
広報	ロゴ	マルシェオリジナルのロゴ
	ホームページ	マルシェ専用のホームページ
	SNSアカウント	Facebook、Instagram、Twitterなど
	チラシ・ポスター	開催前の告知用
会場設営	テント	
	ウェイト	テントをとめる重り
	テーブル	テントのサイズに合わせるのがよい
	椅子	出店者用に1ブース1脚
	台車	
	かご台車	備品を保管・移動するための大きな台車
	ドラムロール	キッチンカーなど電源を多く必要とする場合はそれなりの数が必要
	折り畳みコンテナ	細々した備品を片づけるため
	延長コード	電源を照明位置や出店者ブースまで伸ばす
	照明	日没以降の開催時に必要
	A1判看板	開催中のポスターや案内を掲示
	横断幕	マルシェの名称・案内
	テント横幕	雨・日差し対策
陳列什器	傾斜台セット	出店者の陳列用
	木箱	〃
	テーブルクロス	〃
	店舗用看板	〃
	スピーカー	朝礼や音楽を流すなど音響用
	マイク	朝礼用
会場運営	運営マニュアル	
	販売リスト	当日の販売金額報告用
	スタッフジャンパー	運営スタッフの識別用

表3　マルシェ開催に必要な備品リスト

9	**出店者が用意するもの**	出店者が持参する必要がある備品などの記載
10	**当日の流れ**	当日のタイムスケジュールを記載
11	**搬入について**	搬入時間、ルート、注意事項などを記載。会場ごとに一番異なる部分なので、できる限り詳細に記載
12	**清算について**	マルシェ終了後の販売リストの報告方法や出店料の支払い方法などを記載
13	**駐車場について**	駐車場に関する詳細事項を記載。当日、運営者の目が届きにくい部分なので、できる限り詳細に記載
14	**設置準備について**	出店ブースの準備方法と注意事項を記載。弊社運営のマルシェの大半は、のぼりや法被《はっぴ》などのデザイン性が悪い装飾およびPRにつながるグッズなどは設置不可のため、そうした注意事項を記載
15	**開催時について**	離席やトイレ、マナーなど開催中の注意事項について記載
16	**電源利用・ゴミ・清掃について**	会場によっては電源が使えない会場などもありますし、ゴミは原則持ち帰りとしています
17	**撤去・搬出について**	搬出方法は搬入時と異なる場合が多いため、販売終了時の片づけと併せて詳しく記載
18	**出店における注意事項**	上記の項までに記載できていない注意事項についてまとめて掲載

表4　新規出店者に送るマニュアル

1	**開催概要**	名称・日程・開催時間・会場・出店数・出店対象者・営業種目・運営団体（主催・事務局など）などを記載。注意点としては、主催・共催・協力・運営事務局の会社を早めに固めておくことです。それを固めないと情報開示が遅れます
2	**アクセスマップ**	開催付近の地図と電車・車など各交通機関で来る場合のアクセスを記載
3	**会場全体図**	開催会場の全体図を記載
4	**契約から出店までの流れ**	出店者とは出店に関して契約を交わしています。契約から出店までの一連の流れを記載
5	**出店契約の内容**	具体的な契約方法と、出店料およびキャンセル料などの記載。出店料に関しては、マルシェごとに違いますので、金額や徴収方法はさまざまです。弊社では、出店料は安いと言われますが、一部を除き売上歩合方式をとっており、出店者が売上が上がると主催・運営事務局も売上が上がるというしくみで、一緒に努力できる体制を構築しています
6	**販売リストについて**	出店者には毎回、開催後に売上・客数などを記載した販売リストを運営事務局に提出してもらいますので、その販売リストについての記載
7	**販売品目について**	保健所や会場のルールがありますので、販売できないもの・出店許可品目以外の商品・アルコール類の商品について記載
8	**出店ブース、貸出備品について**	出店者に貸し出す基本的な備品と、利用が自由な貸出備品、申請が必要な備品、基本的なブースのレイアウトなどを記載。基本的な備品としては、テント・テーブル・椅子などが当たります。基本レイアウトに関しては、1ブースの大きさ、隣・後ろのブースとの距離などを記載

一番難しい、開催中止判断

開催に向けた準備で最も厄介なのが、開催中止判断です。

マルシェは屋外開催が中心ですので、悪天候には太刀打ちできません。開催日数が限られたマルシェでは、開催中止は辛い判断となります。しかし、安全面の担保ができないなかで無理に開催してはいけません。私自身、思いがけない突風でテントが飛ばされたり、ビル風でパラソルが折れたり、看板が倒れたりといった苦い経験をたくさんしてきました。

そこで、どういった天気予報になったら、安全性が担保できなくなり中止の判断をするべきなのか、中止の判断をするタイミングや流れについて説明します。

開催中止を判断するポイント

①明確な中止基準を設定する
②中止判断のタイミングを決定する
③中止判断をする際の最終意思決定者、確認先、連絡先を決定する

①明確な中止基準を設定する

どのような天候条件下で中止にするかを予め設定しておく必要があります。その判断基準は「雨」

ではなく「風速」です。

雨が強く降るだけでは開催を中止しません。出店者は商品が濡れないように対応をする必要がありますが、屋外で開催するマルシェに出店を希望している時点でそれは了承しているものと考えています。

問題なのは風速です。強風になると、ありとあらゆるものが吹き飛ばされ、その吹き飛ばされた先に人や物などがあると、大惨事につながる危険性が高まります。

ポイント

- 風速何メートルの予報が出たら中止にするか
- 中止にしなくても対応できるレイアウトは風速何メートルか

②中止判断のタイミングを決定する

どのタイミングの天気予報で中止を判断するかを予め決めておきます。開催の何日前の何時の天気予報を決定条件にするのかが重要です。残念ながら天気予報はあくまで予報ですので、決定後にまた変わってしまうこともあります。しかし、直前まで判断を待っていると、出店者はすでに野菜を収穫したり、菓子を製造したりするため、中止になった時に大きな損失を生むことになってしまいます。

さらに、どの天気予報を決定条件とするのかも決めなくてはいけません。私は常に三つの天気予報をチェックしていますが、三つの天気予報がほぼ合致するのは、天気が良い時だけで、崩れる時は各予報で結構なずれが生じます。こっちの予報は晴で降水確率20%なのに、こっちの予報では雨で降水確率50％を超えている、といったことは普通に起こることです。

ポイント

❍中止の判断はどの時点の天気予報でするか
❍天気予報は一つだけを見ないで複数の結果から判断する

③中止判断をする最終意思決定者を決定する

最終的な中止判断は主催者と運営者とで行うことになります。中止の判断が遅れると、より多くの関係者に迷惑をかけることになるため、最終決定者が誰なのか、判断するためにどんな情報を集めるのか、どのように関係者に伝達するのかは、予め決めておく必要があります。

ポイント

❍意思決定に必要な情報を収集する
❍意思決定の連絡網と判断者を明確にしておく

ちなみに弊社で実施している中止判断の基本的な流れは、次の通りです。

・風速10メートルの予報が出たら中止
・中止判断は3日前にはする
・意思決定は運営事務局から通達して、主催者に確認して判断

・決定後速やかに出店者に連絡、ＳＮＳなどで情報発信

3　マルシェ運営のオペレーション

年間130回を少人数でまわす業務の効率化

ここではマルシェを運営する事務局の仕事について紹介します。マルシェの運営業務は、表5の通り、多岐にわたります。

主催企業がテナントや自治会・商店会との調整などを行っていることを考えると、マルシェの主催・運営は多くの業務で成立しています。マルシェを1回開催するごとにほぼこの業務が必要となり、弊社の場合は年間約１３０回のマルシェを運営しているので、年間１３０回、この業務を行っていることになります。マルシェの開催が年間で一番多くなる4月だけで15回ほど開催しますので、徹底的に業務の効率化を進めています。

職種	業務
運営	・当日のマルシェ運営一式 ・スタッフの手配 ・会場レイアウト ・関係各所との打ちあわせ ・開催に関わる判断材料の収集・報告
事務	・出店者への注意事項の配信 ・報告書の作成 ・出店料徴収 ・出店料計算 ・請求書発行 ・保健所・消防署など必要機関への届け出 ・問いあわせ対応 ・アンケート集計
営業	・登録者への出店募集 ・出店者調整 ・新規出店者の審査・面接 ・PRブースの営業・調整
企画	・イベントの企画・運営
広報	・ホームページ更新 ・SNSでの情報発信 ・チラシ・ポスターの作成（運営事務局に限らない）

表5　マルシェの運営業務

少人数でまわす業務改善・効率化のポイント
①煩雑な業務ほどＩＴを駆使して整理
②設営／撤収現場をわかりやすく見える化

①煩雑な業務ほどＩＴを駆使して整理

業務の中でも時間がとられるのが、「出店者の管理」「売上報告から出店料の請求および入金確認」でした。これらを効率化することでかなりの時間短縮につながりました。

◉出店者の管理

システムを導入し、出店者の登録・審査状況、出店者への出店希望内容、注意事項の配信、問いあわせをすべて一元化してウェブ上で行えるようにしました。高額なシステムやオーバースペックは不要のため、下記のサービスを活用しています。

使用しているサービス　Prius-Pro（http://www.prius-pro.jp）

◉売上報告から出店料の請求および入金確認

弊社の場合、出店者が当日の売上報告を専用用紙に記入し、それを事務局がその場でパソコンに打ち込んでいます。当初は、事務局が集計した売上報告書を別紙にまとめ、それをデータ入力するという手間がありましたが、現在は手順を削減しました。なお、札幌のSouseiMarcheでは出店者に直接入力してもらうしくみにまで効率化しています。

その後の、請求から入金確認も膨大な件数にのぼり手間がかかっていたため、現在は請求・入金代行のシステムを活用して、相当数の時間を削減し、かつ出店料が未徴収にならないようになりました。

使用しているサービス　MF KESSAI（https://mfkessai.co.jp/）

②設営／撤収現場をわかりやすく見える化

現場での運営をより簡潔にするべく、さまざまな見える化を徐々に図ってきました。簡単なことで言えば、使用備品のかご台車に入っているものや入れ方を文字やイラストで掲示したり、倉庫内の備品レイアウトを入口に記載して片づけやすくしたり。当日は、現場スタッフ以外にも出店者や主催者も備品を出し入れするため、誰が使用してもわかるしくみにしています。

出店者を決める

運営業務の中でも一番肝となるのが、どんな出店者に出店してもらうか、その調整です。弊社のシステムでは約600店舗の登録があり、年間1回以上出店する出店者が約200店舗を超えています。

前述した通り、私はマルシェは小売業だと考えており、会場は売場だと捉えています。出店者を決めるのは、スーパーマーケットで言えば、棚を埋めていく作業に通じるところがあります。スーパーが立地条件や購買層などによって仕入れるものや売り方が変えるように、各マルシェでジャンルのバランスをどう采配していくかはスーパーのバイヤーと同じような仕事をしていると言えます。

出店経験の豊富な出店者は、肌感覚で自分の店とそのマルシェが合うか合わないかを理解していますので、売れない・売りにくい場所やタイミングでは出店希望を出しません。

一方、出店経験の浅い出店者は、自分の店とそのマルシェの相性がわからず出店申込をしますので、弊社で審査・面接をしてから出店者登録をしてもらいます。他のマルシェに比べると一番厳しい審査基準を設けているかもしれませんが、売場に対して責任を持つ運営者としては当然のことをしていると考えています。誰でも出たければ出られる場所というのは、一見聞こえはよいですが、コンセプトもなければジャンルもクオリティもバラバラになり、すぐに飽きられると思います。

出店登録から出店までの流れ

①ウェブから登録・申込（所要時間15～30分）
↓
②出店希望マルシェの開催日に面接（所要時間30～45分）
↓
③合格後、個別契約の締結
↓
④開催ごとに別途契約、マニュアルなどを送付確認

⑤出店 ←

具体的にはこのような流れになっていますが、最近では出店登録から出店に至る割合は、10％程度まで低い月もあります。この数字を低いと感じるかもしれませんが、スーパーマーケットのバイヤーが商談会などで持込営業された商品を仕入れる確率はもっと低いそうです。その商品が良い悪い、その出店者が良い悪いということではありません。弊社が運営するマルシェとは合わないというだけのことです。

では実際に、どんな基準で出店者を選んでいるのかについて説明します。

書類審査・面接で重視しているポイント

①プロ意識を持ってビジネスとしてマルシェ出店を考えているか
②商品・ジャンルと希望マルシェが合致しているか
③販売スタッフは正しい接客・商品知識とビジネスマナーを有しているか
④継続的な出店で顧客獲得を目指そうとしているか

①プロ意識を持ってビジネスとしてマルシェ出店を考えているか

マルシェはフリーマーケットではありません。プロが集まる売場です。趣味でつくったものを売りたい人、マルシェに出てみたいから商品を仕入れる人は、向いていません。あくまでも本業の中で、事業成長のためにマルシェを活用したい人に出店してもらいたいと考えています。

②商品・ジャンルと希望マルシェが合致しているか

出店者が販売しようとしている商品がそもそも希望するマルシェでは売りにくいものである場合は、面接審査の場で直接伝えます。やはりマルシェごとの特性があるので、売りやすいもの／売りにくいものがありますし、長くやっているマルシェほどそのデータは蓄積されています。とはいえ、過去のデータと合致していなければ必ずしも出店できないということではありません。

③販売スタッフは正しい接客・商品知識とビジネスマナーを有しているか

つくり手が自ら販売する場合は、その商品について一番詳しく知っているので安心して販売を任せられます。しかし目利き（仕入販売）の店舗やアルバイトの販売員が販売する場合、しっかりとした商品知識を持って接客販売ができるのかどうかを確認しなくてはいけません。

④継続的な出店で顧客獲得を目指そうとしているか

出店者がマルシェをどう使おうとしているのかも確認します。特に弊社が運営しているマルシェは大型商業施設や乗降客数が多い鉄道駅など集客人口が多い場所で開催をしているわけではありません。地域住民やオフィスワーカーに求められるマルシェづくりをしているので、基本的には一度出店して売上が上がる場所ではありません。頻度は別としても、出店を継続して顧客を獲得し、支持される店舗に育てようとしているかどうかが重要です。

また、既存出店者の出店取消も行います。こちらはほとんど発生することはありませんが、発生する場合の理由はとても単純です。一緒にビジネスをしたいと思えない行動を頻繁に行う出店者です。過去の事例からお話すると、以下のような出店者です。

・ルールを無視する
・他の出店者に対して販売の邪魔をする、悪口を言う
・販売・接客時の態度が悪い
・これらを注意しても行動を直そうとしない

開催までのタイムスケジュール

先ほど紹介したマルシェ初開催に向けたスケジュールではなく、通常のマルシェ運営での業務内容とスケジュールについて、弊社の例を図2にまとめました。ここでは、毎週土曜日開催のヒルズマルシェと毎週水曜日開催のＫＩＴＴＥ前地下広場マルシェ、二つのマルシェを運営するスケジュールを見本として説明します。

図2を見ればわかるように、開催日以外も業務があります。週間と月間に分けたのは、毎週マルシェの開催ごとに行う業務と月に一度まとめて行う業務に分かれているためです。

図3　マルシェ運営で最低限発生する週間業務

この図に記載している以外にも、状況に応じて、以下のような業務も発生してきます。

・主催企業や関係者との打ちあわせ
・イベントの準備
・消防署へ開催届を提出
・アンケートなどの集計
・出店希望者の面接

その中で開催ごとに必ず発生する業務をシンプルに抽出すると、図３の四つになります。まずはこちらをベースに組み立てていけば、マルシェを運営することができます。

この四つの業務は、平常時であれば難しいことではないのですが、他のイベントとの併催、悪天候でのレイアウト対応、施設工事に伴うオペレーション変更といったイレギュラーな業務がかなりの頻度で発生します。

たとえばヒルズマルシェでは季節ごとに企画を開催しています。毎年盛り上がるのが春の「ストロベリーフェスティバルinヒルズマルシェ」です。２０１９年は、目玉企画として「12種類の苺食べ比べセット」を販売しました。これは通常の出店者では実施できないため、事務局側で約３００箱分の苺の選定から調達、箱詰め、

水（KITTE）	木	金	土（ヒルズ）
4	5	6	7
ヒルズマルシェアークヒルズ HP用出店者一覧を提出 ヒルズマルシェレイアウト作成＆提出 KITTE出店料集金 KITTE終了報告＆売上結果を日本郵便㈱へ提出	ヒルズマルシェFacebookアップ	KITTE出店者へ注意事項メール送付 ヒルズマルシェ LINE投稿	
保健所への届け出書類作成 千代田区保健所へ書類提出			
11	12	13	14
ヒルズマルシェアークヒルズ HP用出店者一覧を提出 ヒルズマルシェレイアウト作成＆提出 KITTE出店料集金 KITTE終了報告＆売上結果を日本郵便㈱へ提出	ヒルズマルシェFacebookアップ	KITTE出店者へ注意事項メール送付 ヒルズマルシェ LINE投稿	
KITTE出店料集金 KITTE作業届三菱地所プロパティマネジメント㈱担当者へアポとり提出			
18	19	20	21
ヒルズマルシェアークヒルズ HP用出店者一覧を提出 ヒルズマルシェレイアウト作成＆提出 KITTE出店料集金 KITTE終了報告＆売上結果を日本郵便㈱へ提出	ヒルズマルシェFacebookアップ	KITTE出店者へ注意事項メール送付 ヒルズマルシェ LINE投稿	
		翌々月の募集開始	
25	26	27	28
ヒルズマルシェアークヒルズ HP用出店者一覧を提出 ヒルズマルシェレイアウト作成＆提出 KITTE出店料集金 KITTE終了報告＆売上結果を日本郵便㈱へ提出	ヒルズマルシェFacebookアップ	KITTE出店者へ注意事項メール送付 ヒルズマルシェ LINE投稿	

〈その他、都度対応の業務一覧〉

- 新規出店登録の対応
- 出店希望者の面接
- 主催者や関係者打ちあわせ
- マルシェ内イベント準備
- アンケート集計
- 各所公官庁への届け出提出
- PRブースの調整、対応

	日	月	火
	1	2	3
週		派遣スタッフ手配 ヒルズマルシェ開催 終了レポート	ヒルズマルシェ出店者へ注意事項 メール送付 KITTEの Facebookアップ
月	各主催企業へ出店料報告書提出 各主催企業へ請求書発行		
	8	9	10
週		派遣スタッフ手配 ヒルズマルシェ開催 終了レポート	
月			翌々月出店募集のリマインド
	15	16	17
週		派遣スタッフ手配 ヒルズマルシェ開催 終了レポート KITTE翌月開催日、出 店者記載のポスト カード作成	
月			
	22	23	24
週		派遣スタッフ手配 ヒルズマルシェ開催 終了レポート	
	29	30	31
週		派遣スタッフ手配 ヒルズマルシェ開催 終了レポート	KITTE翌月出店者情報を LINE投稿 弊社 HPで翌月マルシェ案内更新 弊社 Facebookで翌月マルシェ案 内更新
月	各出店者へ出店料請求書発行		翌月のマルシェ出店料報告書作成 マルシェ関係の支払い準備

図2　ある月の二つのマルシェの週間／月間運営スケジュール

販売などを行うことになります。その時点で通常のオペレーションではまわすことができませんし、こうしたマルシェ以外の企画を実施する際には、関係者や出店者の協力が欠かせません。

ポイント

○業務は週間業務（開催単位）と月間業務とに分かれる
○イベントなどイレギュラーな業務も多く発生する

開催当日のタイムスケジュール

次に、マルシェ当日のタイムスケジュールについて説明します。開催時間や規模、周辺環境などさまざまな条件によって変わってきますが、ここではヒルズマルシェとＫＩＴＴＥ前地下広場マルシェのスケジュールと作業内容を紹介します（表6、7）。

この二つのマルシェを比較するとわかりますが、ＫＩＴＴＥ前地下広場マルシェの方が業務内容がコンパクトになっています。出店規模が限られていることもありますが、一つには地下コンコースでの開催のため、天候含めイレギュラー作業の発生することがないこと、利用客向けサービスをヒルズマルシェのように展開していないことなどが挙げられます。このようにマルシェによって、作業時間も内容も大きく変わってきます。

時間	項目	作業内容
06:45	現地集合	
06:50	設営作業開始	1. 什器・備品の設置 2. 利用客向けレイアウト黒板の記入
07:30	大型車両搬入開始	先行して大型店舗のトラックが1台搬入開始
08:00	通常車両搬入開始	車両搬入開始
09:00	設営再開	1. 利用客用テーブルなど設置 2. 出店者への名札配付
09:45	朝礼	1.本日の共有事項や新規出店者の挨拶 2.締めくくりはコミュニケーションも兼ねたハイタッチ
10:00	マルシェ開始 ①インフォメーション業務 ②事務局業務	1. 駐車場サービス対応 2. 荷物預かりサービス対応 1. 出店者との交流 2. 新規出店希望者の面接 3. 会場内写真撮影
14:00	マルシェ終了 ①売上報告業務 ②撤収作業開始	1. 出店者の売上報告対応 2. 全体売上を主催者に報告 什器備品の撤収
15:00	車両搬出開始	車両搬出開始
16:30	荷物引渡完了 完全撤収	荷物預かりサービス対応

表6　ヒルズマルシェ当日のスケジュール（通常開催時）

時間	項目	作業内容
08:45	現地集合	
09:00	設営作業開始	什器・備品の設置
09:15	搬入開始	所定ルートでの荷物搬入開始
11:00	マルシェ開始 ①事務局業務	1. 出店者との交流 2. 新規出店希望者の面接 3. 会場内写真撮影 4. 出店料徴収
19:00	マルシェ終了 ①売上報告業務 ②撤収作業開始	出店者の売上報告対応 設営作業の逆手順
20:00	完全撤収	倉庫にすべての備品を片づけ

表7　KITTE前地下広場マルシェ当日のスケジュール

4 マルシェは1日にして成らず

地域に根づいたことを測るモノサシ

マルシェを同じ会場、同じ頻度で3年以上開催していると、ようやくその完成形が見えてきます。その判断基準となるのが、利用客に受け入れてもらえたかどうかです。毎週のようにマルシェ会場にいると、出店者の店舗とその前を歩く利用客との距離感、出店者と利用客の距離感といった、マルシェ会場に流れる雰囲気が見えるようになってきます。もちろん、一見さん向けのイベント型マルシェであればそうしたことを考える必要はありませんが、地域密着型のマルシェの場合、ここにマルシェがあることが自然であり、それを待ち望んでいる利用客が一定数以上いる状況、つまり小売店で言えば安定したリピーターがついて店が繁盛している状態になって、ようやくそのマルシェが形になってきたと言えます。

そしてもう一つ、マルシェの形が定着してきたと感じるのが、マルシェがさまざまな活動を引き寄せ始めた時です。出店者の応募が増えるのはもちろんですが、主催者と運営事務局が仕掛けるイベントとは別に、いろいろな団体からマルシェを活用した取り組みの相談が持ち込まれるようにな

写真4　ヒルズマルシェでのおつかい大作戦

ります。これは偶然起きるものではなく、主催者や運営者、出店者、利用客を通して、マルシェの評判が広がった結果、生まれる現象です。

マルシェに吸引されてくる取り組み例

①企業や自治体が商品のプロモーションなどで活用
②民間団体の社会貢献活動などの発表・実践の場として活用
③施設テナントや近隣店舗などとのコラボレーション

具体的な事例としては、ヒルズマルシェで毎月4週目に実施してもらっている「おつかい大作戦」というコンテンツがあります（写真4）。これはヒルズマルシェのある港区の麻布地区総合支所が取り組んでいる、麻布地区をみんなでよくするコミュニティデザイン活動「ミナヨク」の第1期生たちのアイデアから生まれた企画です。道路に面しておらず大人の目の届くヒルズマルシェを舞台に、子どもが1人でおつかいをする大人デビュー企画です。親子で来場後、親御さんはお子さんと一緒にマルシェの下見をしてから、おつかいメモをつくりお金を渡して、おつかいがスタート。親御さんは離れたところからお子さんの様子を見守ります。当日の出店者には企画のことを朝礼で伝えて、子どもの買物を一緒に応援してもらいます。

このようにさまざまな活動を吸引してくるようになると、マルシェの魅力もさらに高まります。

ポイント

○マルシェの定着には3年以上かかる
○定着度を測るのは、出店者と利用客の距離感と、他の活動の吸引力の高まり

出店者と運営者の関係の築き方

もちろん、マルシェの形をつくり定着させていく根幹は、出店者の販売努力があってこそです。10年目を迎えるヒルズマルシェでは、8年以上継続的に出店してくれている農家がたくさんあります。

こうした長年継続的に出店し、マルシェをビジネスとして活用している出店者は、主催者や運営者とは違う立場でマルシェに関わり、見ている景色も違うため、出店者との交流からさまざまな運営のヒントをもらうこともあります。また、なじみの出店者から新しい出店者を紹介してもらうこ

ともあります。そうした良い関係性を築いていくことが重要ですし、それがなければマルシェは成立しません。

しかし、気をつけたいのは、出店者と主催者・運営者の距離感が近すぎてはいけないということです。出店者の中には、他の出店者よりも優遇してもらいたくて運営者や主催者と仲良くしようとする人もいます。仲良くはしながらも、あくまでお互いの立場をわきまえた、ほどよい緊張感のなかでおつきあいしていく必要があります。

もちろん、運営者としては、1人でも多くの出店者にマルシェへの出店を通してビジネスを成長させてもらいたいので、その応援は適正な範囲内で行います。販売方法や陳列方法を含めたマルシェでの売上増につながるノウハウや、個々の事業成長や課題に関する相談などにも応えます。また、出店農家さんを訪問して弊社の他の事業との連携でビジネス支援につながるような活動をすることもあります。

最近では、札幌のSouseiMarcheに、私が全国各地で出会った小規模事業者さんから美味しい食品を多数仕入れていますが、その中には東京のマルシェ出店者の商品もあります。普段私がマルシェで購入して美味しいと思っている商品を札幌でも販売することで、出店者の事業成長に少しでも貢献できていると嬉しいです。

ポイント

○運営者と出店者の関係性は明確に区分し、適度な距離感・緊張感を保つ
○出店者が望む範囲で販売や事業に関する相談に乗る
○他の事業で出店者の商品などを活用することで、販売支援にもつなげる

マルシェ開催のジレンマ

ここでは実際にマルシェを運営していくなかで感じるさまざまなジレンマについて紹介します。

マルシェ運営で抱えるジレンマ

①イベント併催による新たな価値とマルシェに期待されるいつもの価値の共存
②さまざまなステークホルダーの満足度をいかに高めるか
③探す魅力か、安定した売場か
④売場になっていない出店ブースをどうするか
⑤バイヤーとして出店者の育成を手伝うべきか

①イベント併催による新たな価値とマルシェに期待されるいつもの価値の共存

マルシェの開催場所で他のイベントが開催されることがあります。その場合は通常とは違うオペ

レーションが必要になります。イベントの併催はマルシェの集客にもつながりますので基本的には歓迎しています。では、どんなことにジレンマを感じているかというと、いつもマルシェに来てくれる常連客に対して、いつもと同じマルシェの価値が提供できなくなることです。

具体的には、同じ会場内でもいつもとは違う店舗レイアウトになること、レイアウトが変わることで、いつものスペースが確保できず出店者数が減ってしまうこと、出店を見合わせる出店者が出てくること、マルシェの日程も変更になることなどが挙げられます。

そうすると、いつもの日程、いつもの場所で、いつもの店が出店していると考えて買物に来たお客さんにとっては、残念な結果になってしまいます。これは、地域密着型のマルシェを運営する弊社にとっては辛いところです。

しかし一方では、イベントが併催されることで、イベントの来場者がマルシェに立ち寄ってくれて店舗の売上が上がること、既存のマルシェの利用客がその併催イベントを楽しめることなど、新たな価値も生みだすことは間違いありません。

②さまざまなステークホルダーの満足度をいかに高めるか

マルシェの開催中には、大なり小なりハプニングが発生し、それに対して運営者は常に判断をしていく必要があります。マルシェはとにかくステークホルダー（利害関係者）が多い。また出店者も野菜から食品、雑貨にキッチンカーとジャンルもバラバラです。そうしたなかで、全員の合意形成を図ることとはほぼ不可能で、各ステークホルダーの満足度を常に天秤にかけながら判断をしなければならないジレンマがあります。

たとえば、日差しとレイアウトの問題。テントのブースの位置によって、他の店舗より長い時間日が当たる店舗がどうしても出てきます。食品を扱っている以上、どの出店者もなるべく日が当たらないようにしてほしいと思っているのはわかりますが、会場の広さ、レイアウトの問題（日差しを避けることだけを考えてレイアウトはできない）もありますし、その対策でテントの下に入れすぎると今度は暗い、バックヤードが狭いといった不満にもつながります。

さまざまなステークホルダーの満足感を担保しながら運営するのはなかなか大変です。

③探す魅力か、安定した売場か

レイアウトの設計でもジレンマがあります。毎回出店してくれる店舗は、なるべく場所を動かさないで固定したレイアウトで組むようにしています。これは、その店舗の常連さんにすぐにわかるようにしたいからです。不思議なことに、裏側（背中合わせの反対側）に移っただけで「今日は○○の店は来てないんですか？」と常連客から聞かれることがあります。人間の習慣とは怖いものです。

しかし、一方であまりにもレイアウトが固定化しすぎることで新規出店者の配置をどこにしたらいいのか、たまに店の位置を変えることで、利用客が歩いて探す過程で新しい店舗を発見することにもつながるのではないか、ということも考えます。浜町マルシェのように3カ月に1回開催するようなマルシェではレイアウトを覚えている利用客も少ないため、どの利用客も会場内をぐるりと歩いてくれますが、毎週定期的に開催しているマルシェでは特にこの問題が悩ましいです。

④売場になっていない出店ブースをどうするか

マルシェに初めて出店する店舗は、相対販売、ブースづくりの経験がほとんどありません。出店初日に出店者が仕上げたブースを見て、率直に言って厳しいなと思う店舗がたまにあります。

3章で出店者に向けていろいろなノウハウを書いていますが、最終的なブースレイアウトや陳列については出店者自身のセンスというところもありますが、厳しいと感じる大きなポイントは、「売場」になっていないということです。まるで展示会やショーケースのように商品を詰め込んで陳列していたり、利用客の視線をまったく気にしていない乱雑な陳列をしている場合もあります。そうした時に、面接審査や基準をもっと厳しくするべきなのか、もしくは出店ブースについてもっとアドバイスをするべきなのか、自主性を重んじた方がいいのか、とジレンマに陥ります。

⑤バイヤーとして育成を手伝うべきか

出店者については、量より質か、質より量かというジレンマもあります。ここ数年、マルシェ会場も出店者もそれなりに増えていますが、良くも悪くも気軽に小売業ができる状態になってしまっているため、販売について勉強をせずにとりあえず出店してみる人も少なくありません。出店者数が多い方が、利用客の満足度が高まると思いがちですが、それはあくまで買いたくなる店舗が目白押しの場合です。購買意欲をかきたてられない、足がとまらない店舗がいくら軒を連ねても、利用客の満足度は高まりません。しかし、店舗の質を重視して出店者を絞りすぎてもマルシェとしては成立しません。このバランスがジレンマです。

これについては、出店者に販売や事業を学ぶ機会の提供や、売れる店づくりを運営側で積極的に支援していこうと考えています。

INTERVIEW

1

なぜ、ディベロッパーがマルシェを主催するのですか？

森ビル株式会社／田中巌さん

ヒルズマルシェの主催者である森ビル株式会社の田中巌《いわお》さんに、
マルシェ事業を始めた経緯と成果について伺いました。

ヒルズマルシェを主催する森ビル株式会社の田中巌さん

――ディベロッパーである森ビルさんにとってマルシェとはどういった活動になるのでしょうか？

「食」という、どの世代も関心が高く、かつ季節に応じた変化に富み、多様な人を集客できるマルシェは街の価値を高める上で非常に意義のある活動です。

具体的には、マルシェを通して多様な人や物が集まることで、街全体の賑わいや魅力を醸成する効果があると考えています。

――ヒルズマルシェが立ち上がった経緯を教えて下さい。

もともと六本木ヒルズで「いばらき市」という、茨城県の農家が生産した野菜や果物を直送して毎週土曜の早朝に販売する朝市があり、これを２００６年にアークヒルズでも実施することになったのがきっかけです。

「いばらき市」をアークヒルズでもやり始めた当初は水曜日に開催していました。その頃は自治会の方や弊社の社員がサポートしながら運営していました。

その後、２００９年にマルシェ・ジャポン・プロジェクトに応募し、農林水産省の補助金を受託して「ヒルズマルシェ」をスタートすることになりました。

当時、アークヒルズ周辺には、スーパーマーケットがなく（現在は福島屋、成城石井、マルエツ等がある）、生鮮食品を購入できる店がなかったため、２００９年の開業当初は非常に歓迎されました。

その後、安定的に出店農家を集められるようNPO法人農家のこせがれネットワークさんに運営事務局をお願いし、積極的な農家さんに出店してもらえるようになり、アーク・カラヤン広場の休日の日常として定着しました。今では周辺生活者にとってなくてはならない存在に育ってきたと思います。

――ヒルズマルシェはどんな価値や効果を生みだしましたか？

マルシェで学べるしくみがあれば、長続きすると思います。単に安くて良いものが手に入る店なら、他で似たような業態ができると、お客さんはそちらに流れてしまいます。しかし、毎週なじみの出店者が旬の情報や自分の好みも理解した上で食べ方や調理方法まで教えてくれたら、それが、消費者にとって値段に勝る価値になるのではないでしょうか。
２０１４年からはアンティーク・ビンテージ雑貨店が出店する「赤坂蚤の市」もヒルズマルシェと同じアーク・カラヤン広場で月1回、日曜日に開催するようになり、休日の賑わいがますます広がってきました。

アークヒルズに新しく出店を検討する飲食店に対しても、おそらくヒルズマルシェや赤坂蚤の市のような集客力があるイベントの存在が大きいのではないかと思います。マルシェには、単に買物をする場ではなく、人が集まることで、近隣店舗やエリア全体まで豊かにしてくれる効果があると捉えています。

近隣住民の方と親しくなれるのも、マルシェがあるからこそです。弊社の担当者が普段着でマルシェに顔を出すと、自治会をはじめ地元にお住いの方々とお会いすることになり、私たちにとっても貴重なコミュニケーションの場となっています。

――10年間開催してきたなかで、森ビルさん内部で「マルシェを辞める」という話は一度も出ませんでしたか？

街を運営する立場としては、常に新しいことを求められているので、マルシェを現状維持し続けているだけでは、そのうち別のことをやった方が良いという判断になるかもしれません。その点、マルシェは、通常の店舗テナントのように契約年数等の縛りがない上に、アレンジもしやすく、変化に柔軟に対応できるのが魅力ですね。

現在は、株式会社AgriInnovationDesignさんにマルシェの運営をお願いしていますが、運営会社とは良い意味での緊張感を持ちつつ、信頼関係を築くことが理想だと考えています。

――ヒルズマルシェにとっての進化をどう捉えていますか？

弊社がアークヒルズ（１９８６年竣工）をつくった背景には、オフィスはオフィス街に、商業施設は繁華街に、住宅は住宅地に、というように、それまでは街ごと、エリアごとに機能が分断されていたことへの問題提起がありました。都市生活をもっと豊かにするには、さまざまな機能を集約したコンパクトシティにする必要があるという考えのもと完成したのが、民間による日本初の大規模市街地再開発事業であるアークヒルズです。

アークヒルズが竣工して30年以上経ちますが、10年続けてきたマルシェがこの街に暮らす人たちにとって、潤いある都市生活を支える場になっているのではないでしょうか。

出店者はお客さんに商品の良さを伝えることで事業を成長させる。お客さんも食材の旬や食べ方を知ることで暮らしを豊かにできる。さらに、マルシェ会場内で定期的に開催されるクラシックコンサートは、若手演奏家の音楽に触れることができ、マルシェで月1回の頻度で開設される「洋服ポスト」を利用すれば、家で眠っている洋服を次に活かすリサイクルに参加できます。

こんなふうに、マルシェには参加する人たちが自然に成長しあえるしくみができつつあります。その街にとってなくてはならない場所になることが、マルシェの完成形、つまり進化と言えるのではないでしょうか。

アークヒルズ（提供：森ビル株式会社）

3章

マルシェの使い方

出店のノウハウ

1 「何屋」か、一言で言えますか？

出店前の棚卸し

3章では、出店者に向けたマルシェの使い方について解説します。出店への心構えから準備、売り方、売上を上げるヒントなど、事業を成長させるきっかけになればと思います。

マルシェに出店しようと考えている方は、まず自社事業の正しい棚卸から始めて下さい。

事業の三つの棚卸

①「何屋」か整理する
②「何」を売るのか決める
③出店する「目的」を明確にする

①「何屋」か整理する

マルシェに出店することは店舗を構えるということです。その際に重要なのが、その店は「何屋」なのかがすぐに利用客に伝わることです。マルシェの場合、横幅3メートル程度のテントを利用客は4歩程度で通過してしまいます。その間に何の店かを理解させ、足を止めさせ、商品を売る必要があるのです。

自店の紹介文を20字程度でつくってみて下さい。

「トマト農家白らトマトとトマトジュースを販売」

「私のお気に入り食品を仕入れて販売している店」

この二つを聞いて、より鮮明にイメージできるのはどちらでしょうか?

聞いてくれれば、食べてくれれば、わかってくれるはず。そうした思い込みはまず捨てましょう。何屋か説明してぴんとこない場合、商品はまず売れません。売る側の人間が自分の店を説明できない(理解させることができない)のですから。

②「何」を売るのか決める

マルシェは小さな店の集合体です。1会場で30店舗前後、なかには100店舗近く並ぶマルシェもあります。あなたの店はスーパーマーケットになる必要はなく、専門店でいいのです。多数の店が並ぶなかで売れる店をつくるには、商品を絞る必要がありますが、これが難しいのです。

「もっといろんな商品があった方が売れるのでは」

「あれも売ってみたいから並べてみようかな」

そんな気持ちが出店するたびに湧いてくると思います。間違ってはいけないのが、商品を増やす

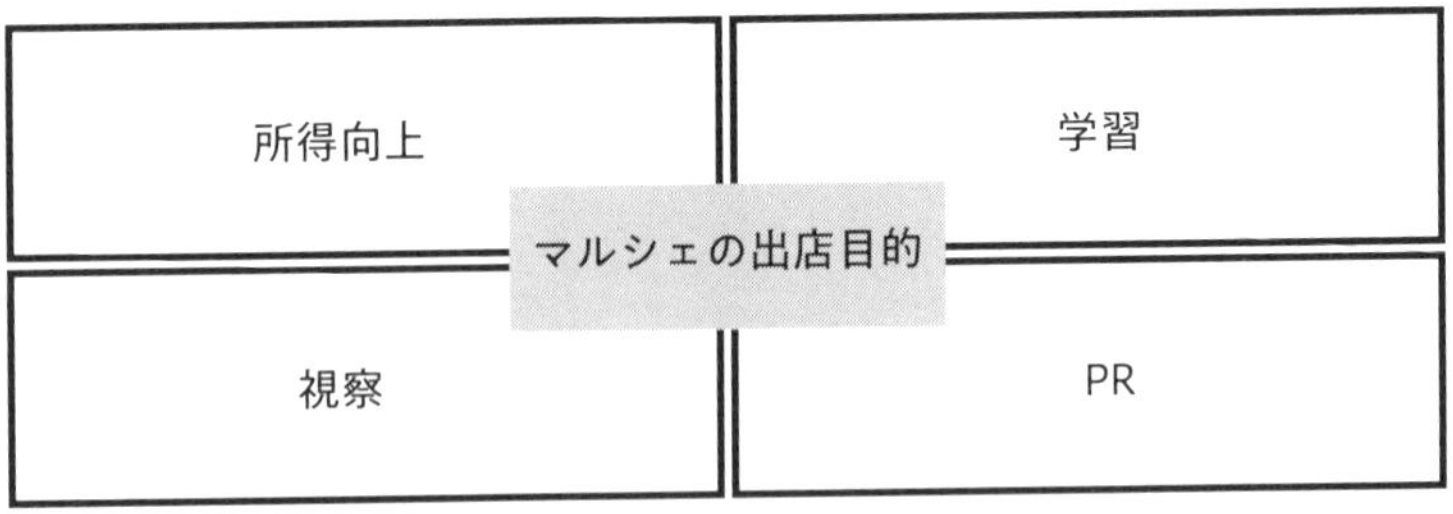

図1　マルシェの出店目的

ことがいけないのではなく、正しくない商品を増やすとお客が離れていくということです。

悩んだ時には、自分の店が何屋だったのか振り返ってみて下さい。シンプルなことですが、八百屋でケーキは買いませんし、アクセサリー屋でパンは買いません。チャレンジができることはマルシェの魅力の一つですが、あくまで正しい店づくりにチャレンジすることが大切です。

③出店する「目的」を明確にする

最後は、出店目的です。これまでの出店者を見ていると、その目的は大きく四つに分けられます（図1）。

⦿所得向上

マルシェがビジネスである以上、一番純粋な目的になります。売上増につなげる方法はさまざまあります。マルシェでの対面販売による売上増、マルシェをきっかけにした飲食店などへの取引拡大、マルシェの購入者をインターネット販売に呼び込む、といったものが挙げられます。

⦿学習

売るという経験そのものをしてみたいという方もいます。これは、就農直後の方や自農園の農産物販売の経験が不足している方、全量農協出荷や市場出荷しかしていなくて新たな販路を探っている方などです。

⦿視察

マルシェそのものや他の出店者を見るために出店する方もいます。出店をしないでただ視察に来るのと、出店者として視察も兼ねて来るのとでは、やはり見える景色が違いますし、他の出店者も仲間として受け入れて話をしてくれます。接客をしながら、どんな客層がこの会場には多いのか、他の店でどんな商品が買われているのかを視察できますし、マルシェ会場の近隣施設や店舗を見て回ることで学べることもあります。

ただ、視察で注意してほしいのは、現象を見るだけでなく理由を考えることです。「赤坂だとこんな高い値段で売っているの？　うちの店の方が安いんだから売れるはず」というようなことを言う方がたまにいます。なぜその価格で売られているのか、なぜそれでも売れるのか、自社の値づけとどこが違うのか、といったことを、出店者（売る側）としても、消費者（買う側）としても、考えてみて下さい。それらを読み解く力を養わないと、いくら視察をしても学習できません。

⦿ＰＲ

弊社が運営するマルシェでは、通常の販売とは別に「ＰＲ出店」という特別枠を設けているマルシェがあります。自治体の宣伝、民間企業の新商品やイベントのプロモーション・マーケティングなどが目的の出店で、出店条件や費用が異なります。

このようにマルシェの出店者は四つの目的を持っていますが、一つだけに絞る必要はありません。

ただし、メインの目的が何かは明確にしておいた方がよいです。あれもこれもしたいと欲張っても、結局どれも中途半端になりかねないからです。

売れる店には法則がある

売場づくりや陳列などの専門書はすでにたくさん出ています。私がここで伝えたいのは、そうした細かなテクニックの話ではなく、マルシェで野菜を売る農家から、目利きが雑貨を売る店まで数百店舗以上の出店者を見てきた結果わかった、「売れる店のシンプルな四つの法則」です。

売れる店のシンプルな四つの法則

①「売場」という前提を理解している
②「何屋」かすぐにわかる
③目玉商品／売れ筋を用意している
④マーケティングを理解し実施できている

①「売場」という前提を理解している

マルシェとはコミュニケーション型移動小売業です。出店者が一つ一つの売場に責任を持つ担当者ということになります。これをしっかり理解している事業者は、売るという行為に真摯に向きあい、かつ責任をもって取り組んでいます。一方、商品を説明できないスタッフが販売している、すぐに売場を離れて店に人がいない状態をつくっている、というような店も散見されます。

②「何屋」かすぐにわかる

利用客がどんな商品を売っているのか、何の店かわかる店構えになっているかどうかです。もしマルシェに出店中で伸び悩んでいる場合は、ここから見直してみて下さい。

③日玉商品／売れ筋を用意している

売れている店には必ず目玉商品があります。わかりやすく言えば、「あの店の○○は美味しい！」「○○は買うべきだよ」と言えるものです。それ一つでリピーターがつきますし、口コミでさらにお客が広がります。それは固定化された商品でもいいですし、季節ごとに変わる商品でもいいです。最初のうちは、目玉商品だけが売れればよいという気持ちで挑むことも大切です。

④マーケティングを理解し実施できている

マーケティングとは簡単に言えば、商品を売るための地図だと思って下さい。詳しくは次節で紹介します。学ばなくても自然とマーケティングを実践できている方もいますが、知らない方は最低限必要なしくみを理解して実践することで売れる店に近づきます。

売れない店にも理由がある

売れる店に法則があるように、売れない店にも理由があります。この「売れない」とは、天気が悪い、人が少ない、といった外的要因のことではなく、そもそも店として売上が上がっていない状態のことを指します。

不思議なのですが、イベントやメディア掲載などで平均以上に集客できたあるマルシェで、多くの店が1・5～2倍近く売上を上げているにもかかわらず、いつもと同じ売上しか上げられない店もあります。どうしてそうなるのか考えていくと、三つの理由がありました。

売れない店の三つの理由

①お客を見ていない
②商品が正しくない
③周りが見えてない

①お客を見ていない

マルシェの最大の醍醐味はコミュニケーションです。コミュニケーションとは一方通行ではなく相互通行で初めて成り立ちます。マルシェにわざわざ買物に来る人は出店者とのコミュニケーションを楽しみにしている人も多く、利用客のニーズや購入動機は千差万別です。そうしたことを一切考えず、自分のつくった商品の素晴らしさだけをアピールしても商品は売れません。お客を見ていないからです。マルシェの相対販売ではその場で利用客からさまざまな情報を得ることができます。

ぜひそうした小さなやりとりの積み重ねから商品力、販売力を伸ばしていってほしいです。

②商品が正しくない

その商品そのものの価値ということよりも、そのマルシェにおけるその商品の価値がずれているということです。わかりやすい例を挙げると、砂漠に自動販売機があって、すべてホットドリンクだったらどうでしょうか？　そのドリンクが良い悪いではなく、寒い地域なら売れる（価値がある）が、砂漠では売れません（価値がない）。このように、そのマルシェでこの商品、この品質は難しいのではないかと思うことはよくあります。こうしたズレを解消するためにしてほしいのは、「ターゲット」と「商品の打ち出し方（量・デザイン・価格）」を合致させることです。美味しいから売れるわけではないのが商売の難しさです。

③周りが見えてない

マルシェは、主催者・運営者・出店者・利用客・自治会・商店会など実に多様な関係者によって成立しています。こうしたことを理解せず、他の関係者に敬意を表さない、自分勝手なふるまいをする、そうした行動を咎められると逆上する、というような出店者の店は次第に売れなくなります。なぜなら、他の出店者の協力も得られませんし、弊社が運営するマルシェの場合は出店そのものをご遠慮いただくからです。

INTERVIEW
2

9年前からマルシェに出店するシフォンケーキ専門店

世田谷ファームランド／小泉恵祐さん

日本のマルシェ草創期から出店し、
現在では月に20 ～ 25日、
10カ所のマルシェでシフォンケーキを販売している
「世田谷ファームランド」（東京都世田谷区）の
小泉恵祐さんにお話を伺いました。

ヒルズマルシェに出店する小泉恵祐さん

――最初にマルシェに出店するようになったのはいつ頃ですか?

2010年に青山の「Farmer's Market@UNU」に出店を始めたのが最初です。当時、生ソーセージが中心の肉加工・流通事業をしており、シフォンケーキは妻が製造をしていました。その後、生ソーセージのメインの取引先が事業を辞めることになり、シフォンケーキを事業のメインに据えました。その頃、青山のファーマーズマーケットに出店しはじめました。

店づくりとしてはわかりやすいことが重要だと思ったので、シフォンケーキ1本でいろいろな種類を選べるように提案をしています。小さい商売で単価も安いですが、需要があるので、シフォンケーキにシフトしてよかったと思っています。

――マルシェに9年も出店し続けていますが、売れる店づくりの工夫を教えてもらえますか。

基本的な売り方、構成は最初に出店した時からそれほど変わっていません。当初はもう少し値段を安くしていたので、そこから値段を上げていくなかでセット販売で割引したり、少しずつ変化をつけたりはしています。

今は青山のマーケットには出店していませんが、出店していた当時は出店者が今ほど多くなく、売れ行きはよかったです。その後、川崎で開催されていた「アゼリアマルシェ」に出店するようになりました。出店してみたら、青山とは雰囲気も客層も異なり、出店者も少なくみんなで盛り上げようとする雰囲気がありました。当時のアゼリアマルシェの運営会社の方には販売方法などを指導してもらいました。

――客層や雰囲気の異なるマルシェごとにどんな販売の工夫をされていますか?

マルシェによって自分の店舗と合う/合わないがやはりあるので、青山のマーケットは常連さんがつきにくかったけれど、川崎は常連さんがたくさんつきました。川崎のマルシェはもうありませんが、いまだに他のマルシェに買いに来て下さる常連さんがいるほどです。

脇坂さんの運営しているマルシェも常連さんがつくマルシェですね。そうしたマルシェは売上自体はそれほど高くなくても、お客さんの顔がたくさん思い浮かぶので出なくてはと思いますね。

私は、販売することは得意ではないですが、楽しいですね。苦手なんだけど、お客さんから美味しかったって言ってもらえると嬉しいし、マルシェは対面販売なので、やはり売る方も買う方も「人」の力は大きいのではないでしょうか。

――マルシェで売れる店ってどんな店だと思います？

お客さんから見てわかりやすいというのは大事だと思います。自分がもしマルシェを運営するとしたら、専門店を集めますね。

――新しいマルシェに出店する際のポイントって何ですか？

とにかく出てみないことにはわからないですね。一度出てみて、お客さんと会話をしてみると、相手が自分の店や商品に興味を持ってくれているのが伝わるので、そういうお客さんが多いマルシェには、継続的に出店したくなりますね。

――これまで出店してきたなかで失敗した経験はありますか？

通常、マルシェの出店時は1ホールを12カットして200～240円で販売しますが、あるマルシェでは10カットして300円で販売してみたら、まったく売れませんでした。ホール売りを強化していた時もありますが、これもやっぱり売れなかったです。多分、食べきりサイズでいろんな味を食べたいお客さんが多いのだと思います。

今は、年間ベースで常に10アイテムを置き、2カ月ごとには新商品をつくり入れ替えるようにしています。新商品を投入してもすべて売れるわけではありませんし、常に試行錯誤の連続ですね。

――小泉さんにとってマルシェとはどんな存在ですか？

完全に事業の中心ですね。マルシェ自体はかつてほどの勢いはなくなってきていると感じていますが、数は増え続けていますし、うちもマルシェ以外にクラフトマーケットなどのイベントにも出店したりし

季節で変わる世田谷ファームランドのシフォンケーキ

ています。

10カ所のマルシェに月20日以上出店していると、お客さんから、あそこにも出ていたよねと言われたりします。だから、僕ら出店する側も出る場所を選ぶようになりますね。しっかりした考えで運営しているマルシェに出たいと思っています。脇坂さんの運営するマルシェそうだし、YEBISU Marcheも運営事務局が「オーガニック&ナチュラル」というコンセプトを打ち出しているので安心して出られます。

それと、主催者や運営者がきちんと出店者を選別したり、テーマがわかりやすいマルシェだと自分が出るべきマルシェか出られないマルシェかが判断しやすい。マルシェを選ぶ際にそこは判断材料になります。

うちみたいな事業者にとってはマルシェの需要はとてもあると思いますので、こうした外売りというスタイルはなくならないと思います。今の時代、店舗を持てば稼げる時代ではないですから、こういう売場を持たせてもらえるのは本当にありがたいです。

2 マルシェで儲ける！は甘くない

東京だから売れるは大間違い

もう少し「売る」ことについて考えてみましょう。出店者からよく聞くフレーズが、これです。

「東京なら売れると思います」

東京に対してどんなイメージを抱いているのかわかりませんが、この考え方も基本的には間違っています。

「東京なら売れる」が勘違いの理由

①東京というマーケットは正しくない

②根本的な商品の価値は変わらない

①東京というマーケットは正しくない

後で詳しく説明しますが、商品を売る場合にはどんな人に買ってもらいたいのかを想定しなくてはいけません。その時に、「東京の人」を想定する人はいないでしょう。東京に住む人たちは全員同じ性別で同じ年齢で同じライフスタイルをしているわけではありません。もちろん、東京の人＝金持ちでもありません。

②根本的な商品の価値は変わらない

たとえば1本のりんごジュースがあります。これを北海道で売ろうが、沖縄で売ろうが、東京で売ろうが、その商品自体の価値は変わりません。つまり、地元で売れない商品が東京なら売れるというのは幻想でしかありません。売れるものはどこで売っても売れるものです。

その確証を得ることができたのは、北海道東神楽《かぐら》町で地元の農家と一緒に開業した八百屋「HAL Market」と札幌市で展開している「SouseiMarche」での経験からです（5章参照）。

東神楽町は人口1万人の小さな街です。農業が基幹産業で特にこれと言って目立った産業がなく、旭川市のベッドタウンとして一部が宅地開発されて成長した街です。この条件だけを聞いたら、東京のマルシェで意欲的に商品を売りたい方には魅力的に思えないかもしれませんが、もちろん絶対数という意味では東京とは比較できないにせよ、小さな八百屋で決して安くはない調味料やオリーブオイルなどがよく売れます。むしろ品質が良く美味しい食材を扱う競合店がないため、一人勝ち状態です。関東以北で最大の200万人都市札幌に開業したSouseiMarcheも同様で、他で売っていない美味しい食品が売れていきます。
商品の価値は変わらない一方で、提案の仕方や付加価値のつけ方、商品の見せ方は、いくらでも変化させられます。北海道以外の土地で「北海道産」とつけるだけで売上が伸びるようなものです。

ポイント

○地元で売れないものは東京でも売れません
○集客数や所得の違いがあるにせよ、商品そのものの「価値」は変わりません

誰に、何を、どう売るのか？

マーケティングという言葉を聞いたことがある方は多くても、実際にどう活用していいのかわからない方も多いと思います。ここでは、マルシェの販売で役に立つ、マーケティングのエッセンスをお伝えします。マルシェ出店のマーケティングは、「マルシェ出店を通じて、どんな価値を、どういった対象に届けるのか」となります。

マーケティングの三要素

①誰に（対象の絞り込み）
②何を（価値の提供）

③どう売るのか（方法）

①誰に（対象の絞り込み）

自社の商品を具体的に買ってもらいたい対象をどれくらい明確にイメージすることができるかが大切です。なぜなら、その相手によって売り方のすべてが変わるからです。売り方とは、商品の大きさ、価格設定、パッケージデザイン、商品ＰＯＰといったありとあらゆる部分になります。そのため、この対象をつくりこむことから始まります。

では具体的に対象を絞る際にはどうしたらいいのか。四つのポイントを考えることから始めてみて下さい。

対象の絞り込み方

①どんなことに関心を持っている人か
②どんな悩み・課題を持っている人か
③性別
④年代

ポイント ❍「誰に」（対象）を具体的に絞り込まないと、売り方が決まらない

②何を（価値の提供）

三要素の中で一番難しいのが「何を提供するか」です。ここでの「何を」とは、商品のことではなく、どういった価値を提供するかということです。先ほどの対象者の絞り込みで、どんな悩み・課題を持っている人なのかと書きましたが、まさにこの悩みや課題をどう解決するのかということにもつながってきます。

たとえばダイエット。男女問わず関心がある人が多い分野です。ではもし仮に新しいダイエット食品を販売する場合にどう販売しますか？　ダイエットの方法を提案するのか、ダイエットの結果得られる効果や価値を提案するのか。痩せたくても痩せられない人が多いのは、痩せることが目的になっているからではないでしょうか。「痩せなければ〇〇ができなくなる」「太っていたらできなかった〇〇をしたい」など、目的がその先にあると、痩せる努力はあくまで手段でしかないため、ダイエットに成功しやすくなるのではないでしょか。

何を売るのかに話を戻すと、その商品を買った人が得られる満足感・価値とは一体何なのかを考えてみることです。美味しさそのものではなく、「新しい料理のヒント」「家族の会話が弾む」「調理が短時間でできる」など、価値の提案は無限にあります。その中からどの価値を前面に出すか、そこで先ほどの「誰に」売るのかという対象が必要となります。対象が明確になれば、その人の満足感・課題解決につながる価値が提案できるはずです。

ポイント

❍商品を通じて得られる満足感・課題解決につながる価値を考える
❍対象が明確にならないと、提供する価値も絞り込めない

③どう売るのか（方法）

今回はあくまでマルシェ出店を前提としているため、どのマルシェを選ぶかを考えてみましょう。マルシェの商圏（利用客が住んでいる範囲）は地元密着型で実施している場合、基本的には徒歩15分圏内がせいぜいです。商業施設などで開催するマルシェの場合はその商業施設に来るメインの客層を考えます。

まずは出店の前に客としてそのマルシェに行ってみることをお勧めします。そこで客層や出店者の様子をある程度体感できれば、自分の出るべきマルシェかどうか判断できます。マーケティング能力が高くない限り、見たことも行ったこともないマルシェに出店するのはお勧めできません。

ポイント

❍出てみたいマルシェの客層を考える
❍実際に現地に足を運び、出店者や利用客の様子をつかむ

マーケティングを深掘りしていくときりがありませんので、まずはこの三要素をシンプルに考え、売れる店づくりを目指していきましょう（図2）。

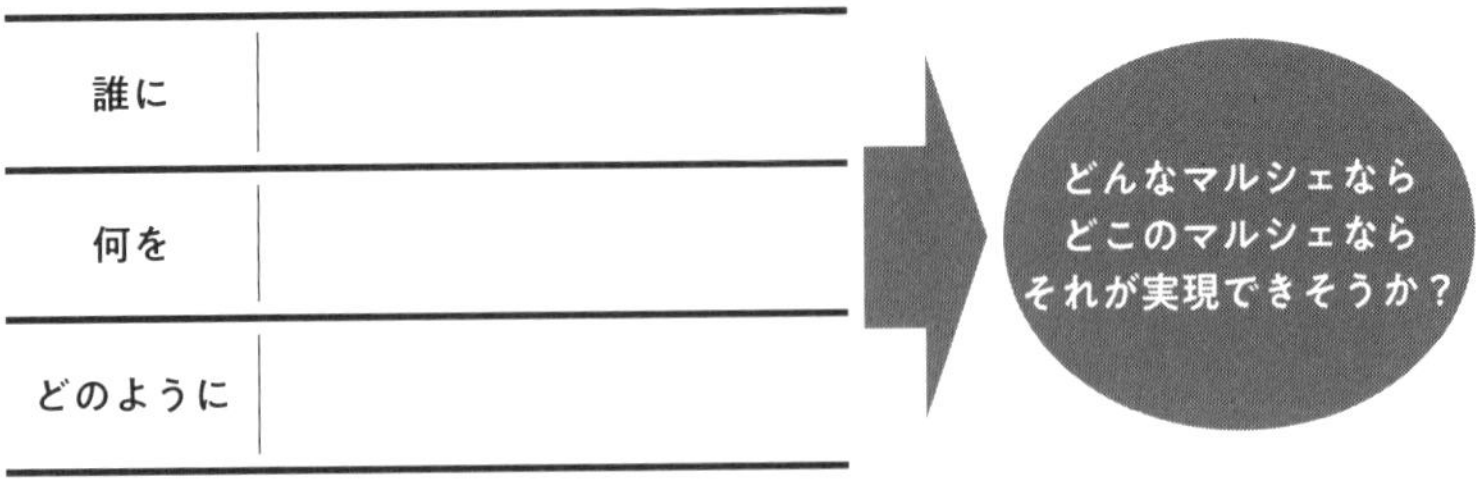

誰に	
何を	
どのように	

どんなマルシェなら どこのマルシェなら それが実現できそうか？

図2　マーケティングの三要素を考えよう

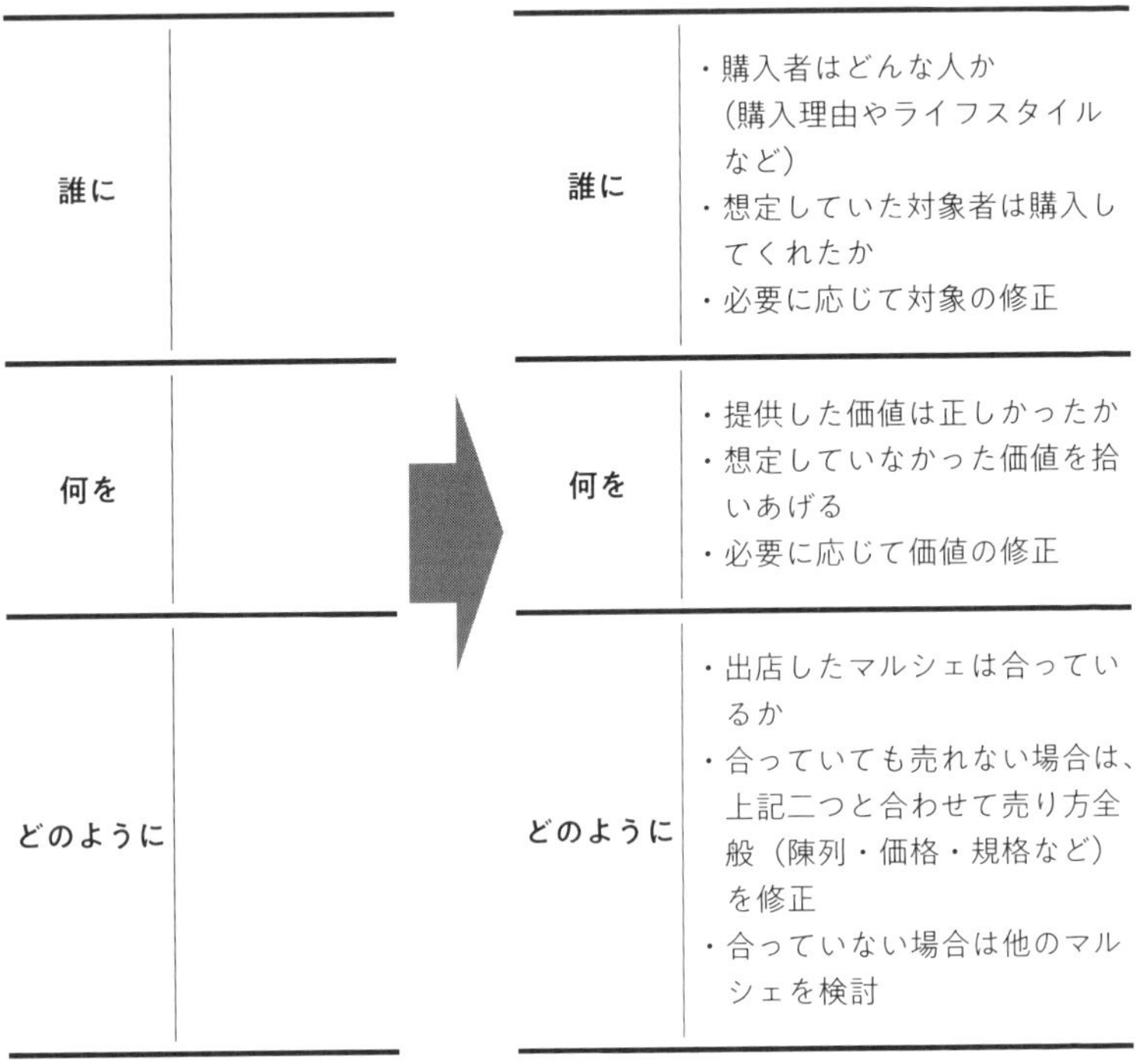

誰に		誰に	・購入者はどんな人か（購入理由やライフスタイルなど） ・想定していた対象者は購入してくれたか ・必要に応じて対象の修正
何を		何を	・提供した価値は正しかったか ・想定していなかった価値を拾いあげる ・必要に応じて価値の修正
どのように		どのように	・出店したマルシェは合っているか ・合っていても売れない場合は、上記二つと合わせて売り方全般（陳列・価格・規格など）を修正 ・合っていない場合は他のマルシェを検討

図3　出店前のマーケティングを出店後に答え合わせしよう

マーケティングを体感してみよう

マーケティングを考え、対象となるマルシェを決め、いざ出店となりますが、もちろんそこでゴールではありません。マーケティングの答え合わせをしていきながら、より売上が上がる工夫をし続けていきましょう（図3）。そういう意味では、相対販売で利用客の反応を直接聞けて、自社のタイミングで出店できるマルシェは、しっかりと次の出店への修正・対策がとれるので好都合です。これが、年中無休で営業する商業施設のテナント出店だと、日々の営業に追われながら見直しをしていかなくてはならず大変です。そして何より、マルシェの出店は1回あたりのコストもそこまでかからないので、実践と修正を低コストで繰り返しながら成長することができます。

ポイント

〇マルシェの良さ（コミュニケーション・開催頻度・低コスト）を上手に活用し、マーケティングの精度を高めていく

INTERVIEW

3

日本唯一!?マルシェで カンボジアの胡椒を広める

篤家／佐藤敦子さん

ふとした偶然の出会いからカンボジアの胡椒に魅了され、
今ではその販売をメインの事業に据え
複数のマルシェに出店して飲食店にも販路を広げる
「篤《あつ》家《や》」（神奈川県横須賀市）の佐藤敦子さんにお話を伺いました。

ヒルズマルシェでカンボジアの胡椒を販売する佐藤篤子さん

――カンボジアの胡椒と出会ったきっかけを教えて下さい。

２０１１年に横浜の大きなイベントに出店していた、販売会社に試食を勧められて、食べたその一粒に衝撃を受けました。特にスパイス好きでもない一般的な味覚の私が「なにこれ、美味しい！」と叫んでしまうほど、体が喜ぶ味でした。

恐る恐る食べた一粒がプチっと弾け、胡椒の濃い実の味が口に広がり、鼻からは爽やかな香りが抜けてゆきました。それまでは「胡椒＝硬くて辛いもの」というイメージしかありませんでしたが、この一粒で「胡椒＝柔らかくて美味しいもの」と知りました。

その後、他の国の胡椒を食べ比べたりもしましたが、カンボジアの胡椒は辛味がきつすぎず、実の味が濃く、また生胡椒の塩漬けをさまざまな料理に使ってみたところ、和食にとても合うと実感しました。

――それからカンボジアの胡椒を売ることになったきっかけは？

カンボジアの胡椒に出会う前年の２０１０年に「篤家」を立ち上げ、自宅を開放してフリースペースみたいにして、自分が良いと思う食べ物やアパレルなどの販売を始めました。当時、ブライダルの仕事を土日にして、平日は篤家の活動をしていました。

そしてこの胡椒に出会い、「これは絶対に流行る、広まらないはずがない」と確信しました。まだ日本で全然知られていなかったので、仕入元の株式会社FORESTJAPANと交渉し、少量の仕入れから取引を始めました。その時は、フリースペースの篤家で扱う商品の一つという位置づけでした。

その後、現地に行かずに胡椒を販売していることにもどかしさを感じるようになり、２０１２年に生産現場に行きました。そして自分がこの胡椒をもっと売ることで現地の雇用にもつながることを知り、こんないいビジネスはないと、ますます胡椒の販売が加速しました。

ある時、よく相談に乗ってもらっている方から、カンボジアの胡椒を自分のブランドとして販売した方がいいとアドバイスされました。

それでFORESTJAPANに相談したら、私がずっとこの胡椒を大事に売ってきたことを理解して下さって、弊社のブランドにすることを許可してくれました。そこで今の「ATSUYA pepper」というブランドが誕生しました。胡椒と出会ってから5年目ぐらいのことです。

現地では胡椒を1粒1粒、手で選別している（提供：篤家）

——自社ブランドにしてからどういった動きに広がったのですか？

自社ブランドを世に広めようと意気込んだのですが、篤家を開いている逗子・葉山・横須賀エリアでは全然広がりませんでした。乾燥胡椒がこれだけ世の中に広まっているんだから、飲食店の4分の1でもこの生胡椒に切り替えたら、もっと販路が広がると考え、東京で販売してみようと思いました。

当時、東京ではいくつかのマルシェが開催されていましたが、出店料が高くてなかなか出店できずにいました。そんななか、池袋の「ぶくろマルシェ」（現在は終了）は出店料が4000円と安かったので出店してみました。篤家で当時扱っていた商品はいくつかありましたが、いろいろ売るより他が誰もやっていない胡椒だけで勝負した方がインパクトが出ると考えました。

——最初にマルシェに出店した時はどんな感じでしたか？

私は将来、日本の食卓に醤油のように生胡椒の塩漬けが並ぶ姿を思い描いてきたので、マルシェに初めて出店した際は、ビジネスというより、1人でも多くのお客さんの反応を見たいというのが強かったです。

味に自信を持ってはいましたが、一方ではドキドキしながらお客さんに「美味しいですよね？」と確認するように試食を勧めていました。今思うと儲けも少ないのによくやっていたなと思いますけど、自分の勧めた商品が初めて売れた時は嬉しかったです。

「カンボジア」「胡椒」という二つのワードだけでも人の記憶にインプットされたら、ある時爆発的な人気を呼ぶと妄想していました。そのためにはより多くの人にこの胡椒を知ってもらわないといけないので、とにかくその場所を求めていました。

――その後、マルシェの出店はどのように広がりましたか？

最初はずっとその池袋のマルシェに出店し、そのつながりから他のマルシェを紹介してもらって出店していました。

最初は手作り感満載のごちゃごちゃした売場でしたが、ラミネーター（紙の表面にフィルムを貼る機器）を手に入れてからは売場がすっきりし、お客さんの反応も良くなりました。売場づくりは苦手ではないのですが、とにかく短期決戦のマルシェでは足を止めてもらわなくてはいけない、インプットさせなければいけないと詰め込みすぎていたのだと思います。当時は、1人の人間がどれくらい胡椒を広めることができるだろうと、社会実験をしているような気分でもありました。

――弊社のマルシェに出店する経緯を教えて下さい。

ある程度東京のマルシェでの出店に慣れて、知りあいのレストランでこの胡椒を使ってくれるようになった頃、地元で胡椒屋の店を構えてもいいなと思ったりもしたのですが、家賃もかかるし、第一集客が厳しいと考え直しました。家賃5万円ならその金額で東京で販売した方が売上増につながると考えて平日のマルシェを探していたら、「ヒルズマルシェ」に出会い、出店料の安さにびっくりして、出店することにしました。

――今はどれくらいマルシェ出店していますか？

今は月に12日程度マルシェに出店しています。

――リピーターはどれくらいいますか？

一つのマルシェで最低5人のリピーターはいますので、最低でも50～60人はいますね。

――マルシェに出店をしてからの販売効果はどうですか？

飲食店への卸しにつながっています。新しい食材を求めて飲食店のシェフがマルシェに来られるので、会場によっては毎回新しい飲食店の方と名刺交換をしてサンプルを提供しています。

今、安定して取引をしている飲食店が15店舗で、限定や単発を含めるとその倍以上の店舗と取引があります。そのうちの3分の1がマルシェでの出会いで、それ以外にもマルシェのお客さんが飲食店につないで下さったりもしますので、それも入れると半分以上がマルシェでのつながりです。東京に出店して飲食店と取引をしたいと思っていたので理想的な形になっていると思います。

――事業の次の展開を聞かせて下さい。

マルシェは週末開催が多いので、本当はもっといろいろなマルシェに出たいけれど、1人でやっているから無理なんです。最近は、リピーターが増えているマルシェとか、私がいなくても売れるマルシェがわかってきたので、手伝ってくれるスタッフを雇用して、事業を拡大していきたいと考えています。

当面はマルシェでの事業拡大を考えています。マルシェはライブ感が凄いので、出店をゼロにはしたくないですね。お客さんのリアルな声が聴ける場所は貴重です。

２０２０年を一つの目標地点として考え、それまでにこの胡椒がしっかり広がることを目指してきました。自社ブランドの事業のしくみも見えてきたし、自信を持って事業を広げていきたいです。実際に私が東京で出店するようになってから、カンボジアの畑も凄く広がったんです。

マルシェは、自分の商品を堂々と見知らぬ人に勧められる、チャンスをくれる場所ですね。

3　いざ、出店へ！ 準備万端で挑め

それ、いくらで売りますか？

具体的な出店準備で重要なのが、価格設定です。業態によっては仕入価格も販売価格も決まってしまっている場合もあるかもしれませんが、農家が自ら売る野菜や自分でつくる菓子や加工品、直接輸入している商品など、オリジナリティがある商品に関しては自由な価格設定をすることができます。どうしても、商品や販売に自信がない、売れ残るのが怖いといった理由で安易に安売りしてしまう方がいますが、安売りをしてはいけません。その理由は三つあります。

安売りをしてはいけない三つの理由

①自社・商品の価値を自ら下げることになる
②値上げ（適正価格への戻し）ができなくなる
③マルシェ全体の価値が下がり、良い客が来なくなる

地元の販売価格をもとに決める価格	×
比較対象をもとに決める価格	×
原価計算と利益率から算出した価格	△
原価算出に加え、販売するマーケットに対する商品の価値を加味	○

表1　価格設定の考え方

安売りは一時的にお客にお得感を打ち出すことができますが、長い目で見ると自店舗にもマルシェ全体にも良い影響を与えません。

では適正価格の値づけとはどうすればいいのでしょうか。価格設定の考え方はいくつもありますが、よくあるのが表1のようなパターンかと思います。

まず一番してはいけない価格設定方法が、地元の直売所ではこの金額しか売れないので同じ金額をつけてみることです。マーケティングの誰に・何を売るのかを思い出して下さい。野菜畑が広がっていて同じ作物をつくっている同業者が多い産地で、地元客に売る場合と、都市部のお客に売る場合とでは、商品が提供できる価値は異なります。

次に、比較対象をもとに決める価格。加工品を開発した農家などに多いのですが、自分が目指しているブランドがこの金額で売っているからとか、あそこより良いものを使っているから、というような考え方です。その比較対象にした企業をベンチマークにするのは良いですが、商品の価格を合わせるのは良くありません。

原価計算と利益率から算出する価格設定方法は合理的ですが、マルシェで販売をするという特殊性や、出店者は小規模事業者が多いことを考えると、もう一歩踏み出して考えてほしいです。それが、販売するマーケットに対する商品の価値を加味することです。出店するマルシェでの他の出店者との競合調査、客層を調べた上で、そのマルシェで商品を売ることで商品の価値が増すようであれば、価格をもっと強気に設定することもできます。もちろん手が出ないような高額設定では購入者は減ってしまうでしょうが、せっかくマルシェに出店して自由に価格設定できるなら、そのチャンスを活かしてほしいです。

余談ですが、私が八百屋を経営している北海道東神楽町の隣に有名な美瑛町があります。夏が過ぎる頃から、とうもろこしがどちらの街でもたくさん販売されます。東神楽町では1本100円程度で軒先直売所やスーパーで販売されるのに対し、美瑛町では1本300円で販売されます。同じ農村地帯にもかかわらず、この価格差はどこからくるのでしょうか。答えは簡単で、東神楽町の購入者は地元客で、美瑛町の購入者は観光客なのです。マーケティングと価格設定がとてもわかりやすく顕在化している事例です

ポイント

- 安売りはメリットがないため、してはいけない
- しっかり原価計算をしてから価格設定をする
- さらにマーケットの状況を加味して価格に加算してみる

必須	あると良い	要確認 ※会場ルール確認
・商品 ・プライスPOP ・説明POP ・釣銭 ・買物袋 ・筆記用具 ・出店マニュアル	・テーブルクロス ・店舗名の横断幕 ・S字フック ・POPスタンド ・かごなど陳列用什器 ・キャッシュレス対応レジ ・次回出展案内 ・パンフやSNSの広告	・テーブル（自店のものを使いたい場合） ・高さのある棚 ・のぼり ・法被 ・冷蔵庫など ・電気容量が高い家電（電気ケトル・ホットプレート・炊飯器など）

図4　マルシェの売場に必要なアイテム

売場に必要な準備と陳列

次に、マルシェに持参するアイテムの準備をしましょう。それぞれのマルシェで使える備品や区画のサイズなども違いますから、出店マニュアルを読み込んでおく必要があります。どのマルシェでも基本的に必要となるものを図4にまとめました。

マルシェの出店者は現金売買が多く、キャッシュレス時代に追いついていません。クレジットカードや交通系ICならすぐに支払いができるが手持ちの現金がないから買えない、というお客がいたら勿体ない。端末を一つ導入すれば、クレジットカード決済・交通系IC・その他、キャッシュレス決済サービスの大半ができるようになります。合わせてタブレットやスマートフォンでのレジ端末も使えるようにしておくと、売上管理や時間別・日付別などの売上データをとれて便利です。

また、ブースのディスプレイ・陳列は、その店が何屋であるかがすぐにわかるようにしなくてはなりません。2、3歩で通りすぎてしまう出店ブースですから、一目見て印象に残らなければ通過されてしまいます。そこで大事なのは、凝りすぎないこと、足を止める商品かPOPがあること、ボリューム感は出しつつ置きすぎないことの3点です。

マルシェの陳列で大切なこと

①凝りすぎない
②利用客が足を止める商品かPOPがある
③置きすぎない

①凝りすぎない

あくまで販売するのは商品です。どれが商品かわからないほど装飾やデザイン性にこだわる出店者がいます。何がなんでもシンプルでなくてはいけないとは思いませんが、販売する商品と何屋かわかるレベルに装飾はとどめておきましょう。

②利用客が足を止める商品かPOPがある

装飾ではなく一つの商品かPOPで利用客が足を止めるように工夫してみて下さい。人を引きつけるアイキャッチのことです。

以前、農家のチームが出店した際に、アイキャッチとして信じられないぐらい巨大なキャベツ

写真1　ヒルズマルシェのさがみこ有機畑のブース。思わず目がいく芽キャベツのディスプレイ

をブースの真ん中に鎮座させていました。このブースの前を通るお客さんはこの巨大キャベツが気になって仕方ありませんので、足を止めたり、そこから会話が生まれたりします。

　同じようにヒルズマルシェの常連出店者のさがみこ有機畑（神奈川県相模原市の有機栽培の生産者から直接集めた旬の野菜・ハーブを販売）さんは、そうした商品を1年中置くように工夫しています（写真1）。ある時は「株ごとまるっと1本の芽キャベツ」だったり、またある時は巨大なブロッコリーに「完熟ブロッコリー」と気になる言葉を添えていたりします。

③置きすぎない

　ボリューム感があることと、置きすぎていることはまったく違います。ボリューム感とは、ある1アイテムや1カテゴリーがたくさん積み上げられている状態です。特に野菜に関してはボリューム感があるほど購買意欲が湧きます。

私の持論としては、肉や魚は生肉・生魚を見ても脳内で調理後の姿に変換できるため食欲をそそります。しかし、人参や玉ねぎを見てもメイン料理が思い浮かびません。それよりも野菜はたくさん積んであるのを見ると食べたくなり購入につながりますので、商品のボリューム感を出す陳列が大切です。ただし、高額商品や加工食品などはそこまでボリューム感にこだわる必要もありません。

次に商品を置きすぎないことですが、これは1アイテムや1カテゴリーではなく、複数の商品や複数のカテゴリーの商品を雑貨屋のようにごちゃごちゃと陳列することです。マルシェの出店ブースでそれをやると、安売り商品のワゴンセールをしているような状態と同じです。初見で何を売りたいのかわからなくなりますので、商品を絞り込むことが重要です。

INTERVIEW 4

マルシェで1日30万円の売上をめざす農家

百鶏園／小沢燿さん

動物が好きで飼育を学んだことから養鶏業の道に入り、
山梨県北杜市でご夫婦で新規就農し、
毎週ヒルズマルシェに出店する「百鶏園《ひゃっけいえん》」の
小沢燿《ひかる》さんにお話を伺いました。

ヒルズマルシェに出店する小沢燿さん

――最初に「ヒルズマルシェ」に出店した動機を教えてもらえますか？

週に1回ぐらい東京に売りに行きたいと考えていて、マルシェを探していた時にヒルズマルシェに出会いました。養鶏業という動物相手の仕事では完全な休みがつくりづらいのもあり、マルシェは仕事と息抜きを兼ねて出店しています。

――それまで販売はどうしていたのですか？

2016年4月に就農した当初は200羽からスタートし、冬頃にようやく卵がとれはじめ、道の駅で販売しましたが、それほど売れませんでした。

その後、2017年7月からヒルズマルシェに出店を始めました。出店料も安く、販売できる卵の数が少ない弊社にはありがたい条件でした。

――マルシェ出店前後のスケジュールを教えて下さい。

毎日、朝と夕方に鶏の世話をしますが、金曜日の朝の世話が終わり、夕方の世話が始まるまでに、マルシェで販売する卵のパック詰めやシフォンケーキ・温泉卵の製造をします。夕方の世話が17時半頃終わり、ケーキの最終作業などを行い、身支度を整え夕食を食べてから22時頃に出発します。0時頃にサービスエリアに車を停めて車中泊をします。翌朝7時半頃に起きて出発して9時頃、赤坂のマルシェ会場に到着します。

マルシェの販売が14時に終了したらすぐに帰りますが、疲れをとるため、夕食後サービスエリアで仮眠をとります。家に着くのはだいたい20～21時頃です。

――2年間、マルシェに出店し続けて意識の変化はありましたか？

初めて出店した時に、長く出店を続けているノザワ農園（山梨県南アルプス市で果物を栽培する生産者）さんにお客さんが集まっているのを目の当たりにしました。それで、とにかく出店し続けようと思いました。そのうち少しずつですがリピーターが増え、今は15～20名くらいのリピーターの方に毎週購入してもらっています。

百鶏園の圃場（提供：百鶏園）

金曜日	午前中	鶏の世話
	日中	・卵のパック詰め ・シフォンケーキ製造 ・温泉卵製造
	夕方	鶏の世話
	17:30	・シフォンケーキ梱包 ・食事、準備
	22:00	自宅出発
	24:00	サービスエリアで車中泊
土曜日	07:30	起床、マルシェ会場へ
	09:00	マルシェ会場到着、準備
	10:00	販売開始
	14:00	マルシェ終了、撤収 途中仮眠しながら帰路へ
	20:00	自宅到着

百鶏園のマルシェ出店前後のタイムスケジュール

それと最近ようやくPOPをつくりました。それまでは、簡単なプライスPOPのみでしたが、POPに情熱を燃やしている他の出店者さんに影響を受け、POPの本を買って勉強して商品訴求のPOPをつけてみました。そしたらお客さんの反応が凄く良くなったんです。もっと早くつけておけば良かったと後悔しています。

——飲食店への卸売などに販路は広げていかないのですか?

今、アークヒルズカフェ(ヒルズマルシェの会場に隣接した店舗)さんとは取引させてもらっているのですが、他のお店からいただいたお話は断っています。直接お客さんに届けたいという思いが強いので。

——これからの目標はありますか?

マルシェに1回出店して30万円を販売してみたいです。ヒルズマルシェで一番大きないばらき市(茨城県産の野菜や果物など農産物が揃う大型店)さんが1回に数十万円も販売されているので、そこを目標にしたいと思っています。

自社の農園の方では羽数を現在の400～500羽から夫婦2人でやれる上限の1000羽までまずは引き上げていくことで、マルシェで売れる卵の数も増やします。そうすると、卵とシフォンケーキなどで30万円分を売り上げるだけの商品はつくれます。

それに向けて、ヒルズマルシェのリピーター以外にもお客さんを増やす必要があるので、今ブログも書いています。YouTubeも考えているのですが、自分が出演をするのが嫌なので、仕事として割り切るかどうか悩んでいます。

あと、いつかマルシェを自分で主催してみたいです。清潔感がありながら、お洒落すぎず、温かいコミュニケーションが生まれるマルシェを八王子あたりでやってみたいです。

出店後の検証が一番大事

マルシェの出店後、うまくいったこともそうでなかったことも次回へ向けて振り返りをしっかり行うことが重要です。その振り返りを行うためにも、この章で紹介している出店前の棚卸から目的の設定、マーケティングの活用、細かい準備などをしっかり行っていくことが必要になります。

こうした計画から実行を振り返って修正していくことを、Plan（計画）、Do（実行）、Check（検証）、Action（行動）の頭文字をとり「ＰＤＣＡサイクル」と言います。ここでは少し変化させて、「ＰＰＤＣサイクル」と名づけて出店から出店後の振り返りについて確認していきます（図5）。

最後の「Check（検証）」はできる限り出店後すぐに行いましょう（表2）。またその際に、売上金額自体に一喜一憂しないで下さい。売れた理由・売れなかった理由も含めて検証して次につなげればよいのです。そのため、必ず出店準備ができたら自分の店の写真を毎回撮影しておくことをお勧めします。

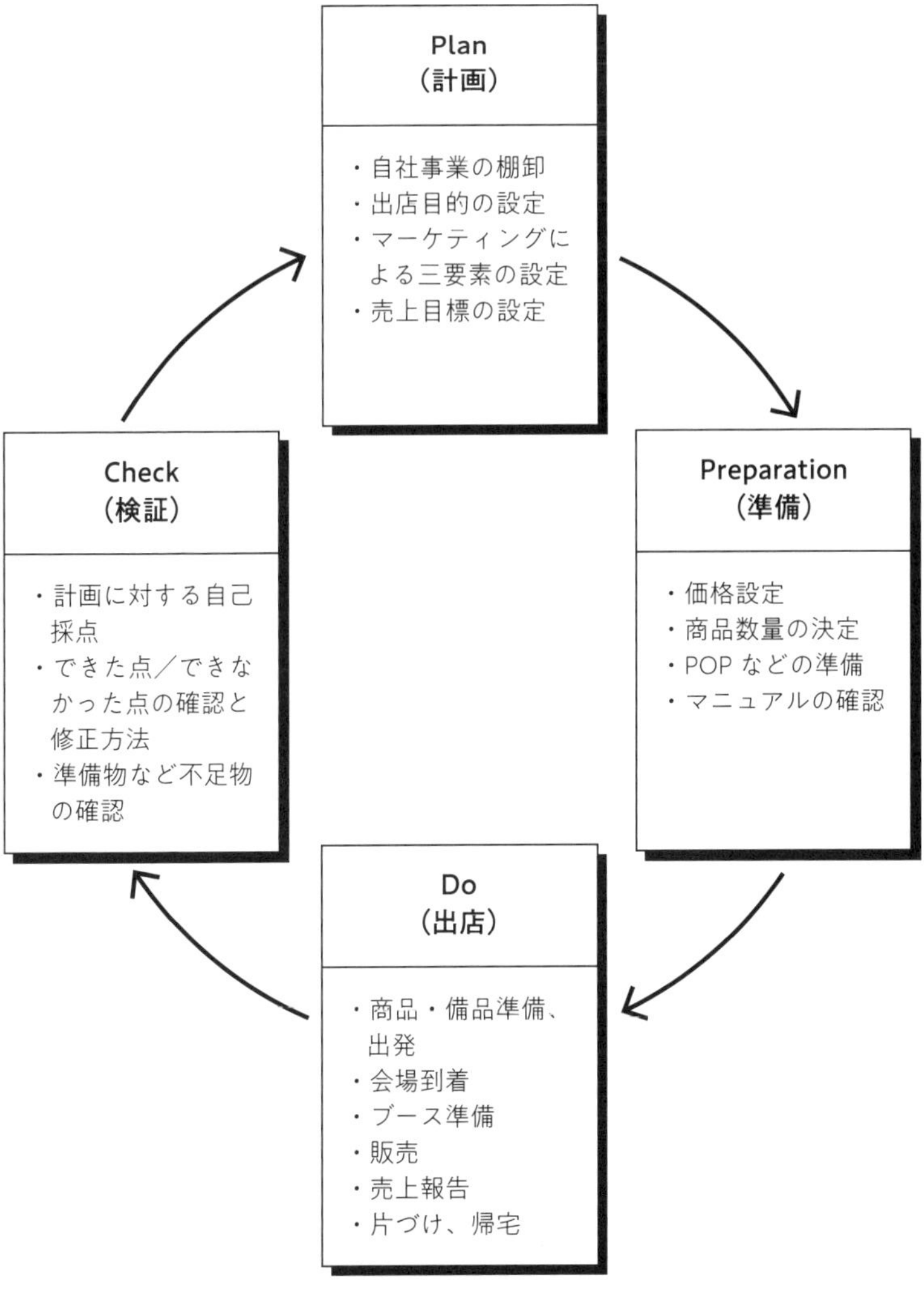

図5　マルシェ出店の PPDCサイクル

項目	検証内容	自己評価
棚卸	何屋かが明確な店づくりができたか	
	どんな商品を売っているかわかりやすい店づくりができていたか	
	出店目的は達成できたか	
マーケティング	顧客に想定していた対象に出会えたか	
	その顧客に提供したい価値は伝わったか	
	販売が上手にできたか	
準備	価格設定は正しかったか	
	備品などで不足しているものはなかったか	
次回出店	次回出店で何を修正して再度検証していくか	

表2　出店成果を検証するリスト

4 インキュベーションスペースとして

売場に立つ、から始まる事業成長

マルシェの出店を続け、ＰＰＤＣサイクルを繰り返すことで売れる店づくりが徐々にできるようになります。一つのマルシェに固執せずに、出店するマルシェを変えたり、マルシェではない方法を見つけたりするのも含めて、事業の成長です。

マルシェ出店からの成長

・売上増加：マルシェ出店による売上増加
・顧客獲得：野菜の宅配ＢＯＸやインターネット販売、ふるさと納税への顧客獲得
・販路拡大：飲食店や小売店などへの卸売を通じた販路拡大
・商品開発：他店舗とのコラボでの商品開発や、マーケティングの結果による商品開発
・店舗開業：マルシェで販売について学び、かつ事業成長して店舗の開業へ
・人材育成：対面販売を学び自社の商品価値を再確認

・人材獲得：顧客をスカウトしスタッフに雇用

以上のように、マルシェに出店することでさまざまな形で事業を成長させることができます。そういう意味では、マルシェは小規模事業者の成長を応援する「インキュベーションスペース」と言えるでしょう。

実際に、インキュベーションスペースとしてマルシェを活用している2組の農家にお話を伺いました。

INTERVIEW

5

わずか5カ月で人気バーと取引成約！

鵜殿シトラスファーム／鵜殿崇史さん

千葉県松戸市でレモンを中心に柑橘を育てている「鵜殿《うどの》シトラスファーム」の鵜殿崇史さんは、2017年9月から毎週ヒルズマルシェに出店し、わずか5カ月で人気バーとの取引を成約させるなど、急成長を遂げています。

ヒルズマルシェで初めてレモンを販売する鵜殿崇史さん

――最初に、マルシェに出店したきっかけを教えて下さい。

レモンの収穫量が就農した4年前よりも増えてきて、新しい販路を構築していく必要がありました。マルシェを選んだのは、対面で販売ができるというのが大きいです。それまでは委託販売所に出荷していただけだったので、特徴や生産履歴などの情報を細かく伝えられずに取引していました。

そんななか、偶然読んだ雑誌に「ヒルズマルシェ」の記事が載っていて出店することにしました。とはいえ、東京の一等地でうちのレモンが相手にされるのか不安もありましたが、父親とも利益よりも自社の商品を知ってもらうことを軸にやっていこうと話をしました。

――初出店に向けた準備はどうされました?

レモンは黄色のイメージですが、初出店の時はまだ早摘みレモンの真緑だったので、お客さんにレモンと認識されるかどうか不安でした。前職で営業をしていたので販売は慣れていましたが、自分の生産した農産物を販売するのは初めてだったので、それなりに緊張しました。正直、10~20個売れればいいという気持ちでしたが、いきなり133個も売上げることができました。

準備で気をつけたことは、とにかくレモンの使い方を伝えなくてはと思い、レモン酢やモヒート、リモンチェッロ、レモンの菓子などの本を並べることや、見本でレモン酢の瓶詰などもつくり陳列することにしました。

――お客さんの反応はどうですか?

出店し続けていくことで、毎週来て下さる方が3組ほど、頻繁に来て下さる方は12組ほどできました。リピーターさんからうちのレモンをどう使ってくれているのかを聞くと、こちらも勉強になります。無農薬じゃないから購入しないという方はいましたが、購入された方でダメ出しをもらったことは今までないです。

――最初から継続出店を考えていましたか?

はい。ヒルズマルシェの開催時間帯(10~14時)は、出店終了後、地元に戻って配達できるので、助かっています。収穫量が増えても、簡単に市場出荷をするより、直の取引先を増やしていこうと考えていたので、マルシェはその販路開拓にも役立っています。

――継続出店をするなかでの工夫や改善点などを教えて下さい。

2個1袋のセットをメインに販売していますが、使いきれないので1個単位で販売してほしいといった要望も出てきたので、サイズ分けなどをして売り方を変えていきました。

食べ方の提案も、最初は料理の本を置いていましたが、凝った使い方はあまり参考にならないようで、簡単なシロップ漬けやレモン酢など、すぐにつくれる提案を中心にするようにしました。そうすると、売れ行きも変わっていきました。

――今シーズンを振り返り、来シーズンの目標を聞かせて下さい。

今シーズンは、売上目標をあえて立てていませんでしたが、最終的に初回出店の2倍近い売上になりましたし、リピーターが増えかつ購入量も増えていきました。ただ、生産サイクルがあるため、どうしても半年ほど出店に時間が空いてしまうので、また来シーズンもお客さんが来てくれるかどうか心配しています。マルシェに出店していない時期もSNS等を使い情報発信をしていかなくてはと思っています。

来シーズンに向けてはもっと質を向上したいです。具体的には、栽培方法を変えることで品種や商品を増やしたいですし、収穫量も確保してもちろん味もより良くしたいと考えています。

マルシェで待って下さっているお客さんがいると思うと、生産への向きあい方もモチベーションも全然違います。自分でつくった商品を自分で販売してみて、農業は珍しい職業だと実感しました。

――マルシェに5カ月出店された成果として、バーへの卸しが決まりましたね。

お客さんが麻布十番のバーの方をマルシェに連れてきて下さり、レモンや柑橘を数回購入いただくなかで、あるハーブが欲しいが手に入らないので弊社でつくれないかというお話をいただきました。今生産しているところですが、マルシェ出店から飲食店への取引に拡大できればいいと考えていたため、このお話はとても嬉しかったです。

これから収穫量が増えていきますが、市場に出すのではなく、マルシェや飲食店との取引等で販売していきたいと考えています。脇坂さんの経営するSouseiMarchとの取引が、うちの一番の大口の取引先になりました。

鵜殿シトラスファームでのレモンの収穫
（提供：鵜殿シトラスファーム）

――マルシェを活用した事業成長の可能性をどう捉えていますか？

1年目のマルシェ出店は大成功でした。収益が上がることは間違いありません。マルシェでの販売利益はもちろんですが、そこを足掛かりとした取引先の開拓で収益が上がることが見えてきました。これからはライムなど新しい柑橘を増やして飲食店などにどんどん提案していきたいと考えています。

――最後に、マルシェに出店する前と後で、お父さんとの関係性は変わりましたか？

これまで知識や経験の豊富な父とは、つくり方について衝突することもありました。しかし、マルシェでの販売という目的を明確化すると、農産物の取り扱い方が変わってきましたし、父とも、次は何を植えるか、売りやすいかなどの会話が増えてきました。マルシェ出店については私にほとんど任せてくれているので、親子間での信頼関係も以前より向上したと思います。まだ半年の出店ですが、事業のいろいろな面でマルシェは変化を起こしてくれています。

INTERVIEW

6

送料高騰からの新たな販路拡大へ

倉田農場／倉田真奈美さん

北海道岩見沢市の米農家「倉田農場」では自社生産米の7割をネットショップで直接消費者に販売してきました。

2018年に宅配便の送料が高騰し、新しい販路を求めて、札幌のSouseiMarcheに毎月出店するようになった倉田真奈美さんにお話を伺いました。

SouseiMarcheに出店する倉田真二・真奈美さんご夫妻

――SouseiMarcheに出店された目的を教えて下さい。

弊社では15年以上前からネットショップを開設し、千名を超える顧客を持ち、自社生産米の7割を消費者に直接届ける事業を展開してきました。ところが、2018年10月に宅配便の送料が2～4倍と大幅に値上げされ、大打撃を受けました。道内への発送だと30キロを450円で送れていたのが、一気に2千円になったんです。やはりお客さんは減りましたね。

そんな時にたまたまSNSでサッポロファクトリーにマルシェができるということを知り、以前から面識のあった脇坂さんが社長をされていたので、夫を説得して出店することになりました。

――これまでは、イベント等に出店して販売をすることはなかったんですか？

なかったですね。農業女子などのグループと一緒にマルシェに出店したことはありましたが、野菜に比べたら米は売れませんでした。

SouseiMarcheに出店する時も、売れないことはわかっていたのですが、毎月決まったスパンで出店していたら、送料の高騰で一度離れていったお客さんと再びつながれたり、新たなお客さんと出会うチャンスができるかもしれないと思ったから、出店を決めました。

――初めて出店してみてどうでしたか？

やっぱり売れないなと（笑）。列ができている店もあるのに、うちの米は売れません。でも出店料が5千円ですよ。ダイレクトメールを6・2万円かけて千通出しても5～6人しか注文は来ないと聞きますし、商品を知ってもらう広報費用だと考えれば安いと思っています。

あと、試食ができるとお客さんと会話をするきっかけになると思いつき、2回目からは炊飯器を持ち込み試食を出すようにしました。

――ネットショップの購入者に、SouseiMarcheでの引渡しの場合は送料無料にされていますよね？

2回目の出店時から始めたのですが、お客さんに商品を発送する際にその案内を入れたり、ネットショップでも告知をしたりしたら、ぽつぽつと注文もくるようになりました。4回目の出店の際には6件ぐらいの引渡しが実際にありました。マルシェの常連さんも徐々にできつつあります。

――ネット購入の引渡し場所、SouseiMarcheでのリピーター獲得となると、毎月出なくてはいけなくなりますね。

2回目の出店時には、それまでネットショップで購入されていて、送料が上がってから注文を止められたお客さんが来て下さいました。一度離れたお客さんがまた戻ってきてくれるのはありがたいですね。普段ネットショップで購入される方とは会うことがないので、そういう方とお会いできるのも嬉しいですね。

もともと、軒先販売→電話注文→ネット販売に移行してきたのですが、ここにきて対面販売という原点に戻ったのは不思議な感じもします。

――今後の展望を聞かせて下さい。

今はSouseiMarcheに出続けることですね。マルシェでは、ネット注文の引渡しを除いて1回で10万円を売るのが目標ですね。今、息子が農業高校に通っていて跡を継ぎたいと言ってくれているので、次の世代が米農家の事業をどんなふうに展開していくのか楽しみにしています。

倉田農場の広大な田んぼの稲刈り（提供：倉田農場）

マルシェ出店で勝つ極意は「出続けること！」

本章で5人の出店者のインタビューを紹介しましたが、マルシェを上手に使い成長する秘訣は、皆さんが語っているように、出店し続けることです。どんなビジネスでも同じですが、マルシェも数回の出店で大きな変化や成長をすることは難しいので、しっかりと目的を持ちながら、出店し続けて顧客を増やし、そして売上を伸ばしていくと、マルシェの出店が事業の大事な核の一つになっていくはずです。実際に長年マルシェに出店し続けて、出店前より売上が3～4倍になった事業者もあります。

最後に、弊社が運営するマルシェで出店者にお渡ししている「マルシェクレド」を紹介します。マルシェに出店する上での心構えを五つにまとめています。

マルシェクレド

お客様への感謝―全てのお客様に丁寧な接客を心がけ最高の笑顔で迎えよう
場所への感謝―場所を提供している主催者や地域と共に価値向上を目指そう
仲間への感謝―マルシェを共に創る出店者や関わる方々を尊重しよう
自分への誇り―自らがリーダーであるという自負をもち真摯な行動をしよう
商品への誇り―自らの商品について誰よりも深く知り最強の伝道師となろう

4章

マルシェというビジネスモデル

持続可能なしくみの構築

1　近江商人の上をいく、五方良し！

マルシェビジネスが生みだす多様な利益

この章では、マルシェのビジネスモデルについて考えてみたいと思います。

一般的なビジネスの利益とは、金銭的な利益＋社会への貢献（企業のビジョン・ミッションの達成）という部分が中心になりますが、コミュニケーション型移動小売業としてのマルシェの場合は、その利益の捉え方が幅広い。特に私の場合は、最初にヒルズマルシェの運営に関わったので、マルシェは街の活性化やコミュニティの創出にも貢献することが大切だと実感しています。人の移り変わりやテナントの入れ替わり、時代の変化が起きても、マルシェは街の景色として、コミュニティのハブとして常にあり続ける。それ自体が大きな利益だと思います。

マルシェをビジネスとして捉えた場合の利益は、図1のようなものが挙げられます。

これほど多様な利益を生みだすマルシェについて、ロンドンでは次のように定義されていると、鈴木美央さんは著書『マーケットでまちを変える』の中で述べています。

「2017年にはサディック・カーン市長によって、ロンドン市長の諮問機関としてマーケッ

図1　マルシェビジネスで生まれる利益

トやビジネスの専門家による『ロンドン・マーケット・ボード（London Market Board）』が組織された。同年、市長により『ロンドンのマーケットについての理解（Understanding London's Markets）』が発行され、ロンドンの生活の一部であるマーケットは地域コミュニティの中心であり、経済、社会、環境などさまざまな利益をもたらすと強調している」。

ロンドンでは、市長がトップダウンで専門組織をつくり、マーケットの価値を分析し、都市戦略として位置づけられているのです。

ロンドンのこうした動きはとても興味深く、私が小さな民間企業でマルシェをビジネスとして成長させていこうとしている活動が、仮に行政を巻き込んで、高齢化、教育、孤食化といった社会課題の解決にもマルシェが貢献できるようになったら、日本でもマルシェの価値はさらに広がるでしょう。

ポイント

- ビジネスとして成長させることで幅広い利益がもたらされる
- 行政と連携すれば社会問題の解決にもつなげられる

五つのステークホルダーを満足させる「五方良し」ビジネス

江戸時代に一代で巨万の富を築いたとされる近江（滋賀県）出身の商人が実践した「三方良し」という有名な商売の心得があります。これは、「売り手」と「買い手」の双方が満足し、かつ「世間」にも貢献していることが良い商売であるというものです。売買の関係を通じた社会貢献こそが良いビジネスであると、400年も前から発想していたことに驚かされます。

この考え方をマルシェに当てはめると、マルシェビジネスには大きく分けて五つのステークホルダーが存在するため、近江商人の「三方」を超える「五方良し」のビジネスとなります（図2）。この五方良しが達成できれば、必然的にマルシェは持続可能なビジネスになります。

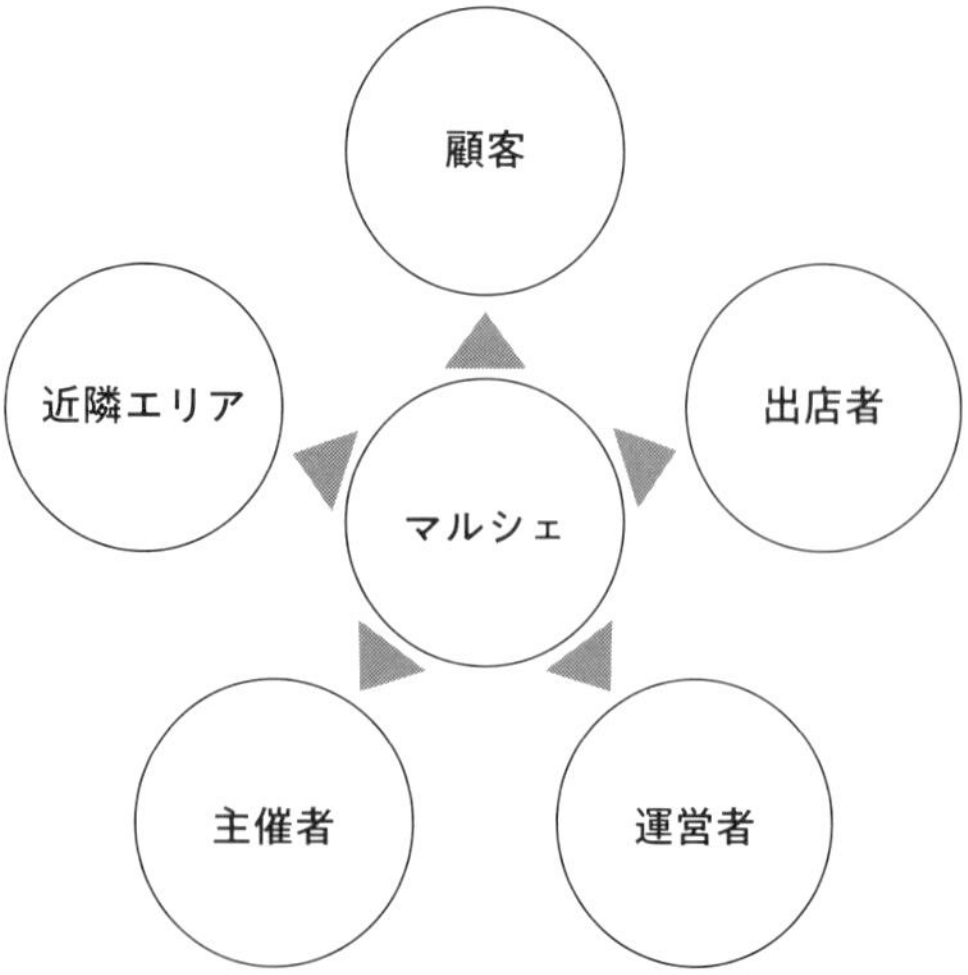

図2　五方良しのマルシェビジネス

①主催者

大半の場合、主催者がマルシェの目的を掲げて開催しています。単独企業の場合もあれば、実行委員会形式、行政の場合もある。主な利益概念：街の活性化、コミュニティの創出。

②運営者

実際にマルシェを運営をする企業・団体。主催者同様、単独企業から委員会形式、行政などの場合がある。主な利益概念：事業成長。

③出店者

販売する事業者。主な利益概念：事業成長。

④顧客

マルシェの利用客。主な利益概念：生活基盤（食品の購入など）、コミュニティの創出。

⑤近隣エリア

開催地付近の自治会・商店会・テナントなど。主な利益概念：事業収益、街の活性化、コミュニティの創出。

ポイント

❍マルシェビジネスはステークホルダーが多い

❍五方良しが成立すればマルシェビジネスは持続する

価値の共鳴こそ最大の効果を生む

こうした五方良しのビジネスモデルは、それぞれのステークホルダーが別々に利益を生みだすこ

出店者 × 顧客 ＝ 農家視察・民泊

運営者 × 近隣エリア ＝ コラボメニュー開発

主催者 × 出店者 ＝ 農業講座開講

図3　マルシェビジネスから生まれる相乗効果の例

とで成立するのではなく、複雑に絡みあい共鳴していくことで相乗効果を生みだし、単独では叶えることができない大きな利益がそれぞれにもたらされます（図3）。それこそが、他では味わえないマルシェというビジネスの魅力です。たとえば、顧客がマルシェの出店者の地元を訪れ宿泊することもありますし、出店者が近隣テナントのカフェやレストランとコラボメニューを開発したり、主催者が出店者を講師にした農業の講習などを企画したこともあります。

ポイント

○五方良しのビジネスが最大の効果を発揮するには、相互の共鳴こそが鍵

ビジネスモデルで考えてみる

こうした五方良しのビジネスを軌道に乗せるには、各ステークホルダーのビジネスを理解する必要があります。そこで、企業が利益を出すためのしくみを図式化した「ビジネスモデル」を活用します。

今回は、アレックス・オスターワルダー、イヴ・ピニュールの著書『ビジネスモデルジェネレーション』（翔泳社）で紹介されている「ビ

ジネスモデル・キャンバス」というフレームワークを使って説明します。

このフレームワークを活用する理由は、同書の中でビジネスモデルを「ビジネスモデルとは、どのような価値を創造し、顧客に届けるかを論理的に記述したもの」と定義づけされており、利益を出すことではなく、価値を創造し提供することにフォーカスしているからです。

このビジネスモデル・キャンバスは九つのブロックに分けられています（表1）。

①VP（価値提案）

価値提案では、このビジネスは顧客にどんな価値を提供するのか？　どんな問題の解決を手助けするのか？　どんなニーズを満たすのか？　どんな製品とサービスを提供するのか？　などを、まず設定する必要があります。

②CS（顧客セグメント）

具体的に誰のために価値を創造するのか？　最も重要な顧客は誰なのか？　を設定します。

③CH（チャネル）

どのチャネルを通じて、顧客セグメントにリーチしたいのか？　今はどのようにリーチしているのか？　を設定します。

④CR（顧客との関係）

顧客セグメントがどんな関係を構築、維持してほしいと期待しているのか？　どんな関係をすでに構築しているか？　を設定します。

<table>
<tr><td colspan="3">←価値を生む活動→</td><td colspan="2">←価値を提供して利益を上げる活動→</td></tr>
<tr>
<td rowspan="3">KP
パートナー
Key Partnars

主要なパートナーは誰だろうか？
主要なサプライヤーは？
どのリソースをパートナーから得ているのか？
どの主要活動をパートナーが行っているか？</td>
<td>KA
主要活動
Key Activities

価値を提案するのに必要な主要活動は何なのか？
流通チャネルは？
顧客との関係は？
収益の流れは？</td>
<td rowspan="3">VP
価値提案
Value Propositions

顧客にどんな価値を提供するのか？
どんな問題の解決を手助けするのか？
顧客のどんなニーズを満たすのか？
顧客セグメントにどんな製品とサービスを提供するのか？</td>
<td>CR
顧客との関係
Customer Relationships

顧客セグメントがどんな関係を構築、維持してほしいと期待しているのか？
どんな関係をすでに構築したのか？
どれくらいのコストがかかるのか？
ビジネスモデルの他の要素とどう統合されるのか？</td>
<td rowspan="3">CS
顧客セグメント
Customer Segments

誰のために価値を創造するのか？
最も重要な顧客は誰なのか？</td>
</tr>
<tr>
<td rowspan="2">KR
リソース
Key Resources

価値を提案するのに必要なリソースは何か？
流通チャネルや顧客との関係、収益の流れに対してはどうか？</td>
<td rowspan="2">CH
チャネル
Channels

どのチャネルを通じて、顧客セグメントにリーチしたいのか？
今はどのようにリーチしているのか？
チャネルをどのように統合できるのか?
どのチャネルがうまくいっており、どのチャネルが最も費用対効果が高いか？
チャネルを顧客の日常とどのように統合すればよいのか？</td>
</tr>
<tr></tr>
<tr>
<td colspan="3">CS
コスト構造
Cost Structure

最も重要なコストは何か？
どのリソースが最も高価か？
どの主要活動が最も高価か？</td>
<td colspan="2">RS
収益の流れ
Revenue Streams

顧客はどんな価値にお金を払おうとするのか？
現在は何にお金を払っているのか？
どのようにお金を払っているのか？
どのように支払いたいと思っているのか？
全体の収益に対して、それぞれの収益の流れがどれくらい貢献しているのか？</td>
</tr>
</table>

表1　ビジネスモデル・キャンバスの9ブロック

⑤RS（収益の流れ）

顧客はどんな価値にお金を払おうとするのか？　現在は何にお金を払っているのか？どのようにお金を払っているのか？　どのように支払いたいと思っているのか？　を設定します。

⑥KA（主要活動）

価値を提供するために必要となる主要活動は何か？　を設定します。

⑦KR（リソース）

主要活動を行い価値を提供するためにどんなリソース（社内資源）が必要か？　を設定します。

⑧KP（パートナー）

価値を提供をするために自社だけでは行えない主要活動や足りないリソースをどのような企業から供給してもらうのか？　を設定します。

⑨CS（コスト構造）

このビジネスモデルにおいて最も重要なコストは何か？　どのリソース・主要活動が最も高価か？　を把握します。

慣れるとわかりやすい9マスの表ですが、慣れるまでは、表1の左半分が価値を生むために必要な活動で、右半分が生んだ価値を提供して利益につなげていく活動、とシンプルに捉えましょう。

以降では、このビジネスモデルのフレームワークをベースに、マルシェに関わる各ステークホルダーごとにビジネスモデルを分析していきます。あくまでマルシェに関わるビジネスモデルですので、各社・団体の本業を分析するものではありません。

ビジネスモデルは、最初に標準的なものを示した上で、弊社が運営するマルシェや出店者のビジネスモデルを可視化して具体的に解説します。

2 つくる側のビジネスモデル

主催者のビジネスモデル

最初に、マルシェをつくる側＝主催者のビジネスモデルを説明します。ここでいう主催者は、都市部の民間企業を想定しています。地方の農家や行政はこれに当てはまりません。

表2の通り、主催者のビジネスモデルでは、［価値提案］は既存施設や街への賑わいの創出によるエリア価値の向上が中心となります。そのため、［顧客セグメント］も賑わい創出による恩恵を受ける近隣住民やワーカー、商業施設の利用者などになります。［チャネル］がマルシェそのものとなり、そこでの顧客との交流や施設・会社への問いあわせが［顧客との関係］となります。［収益］は、厳

パートナー	主要活動	価値提案	顧客との関係	顧客セグメント
運営者 出店者 テナント 自治会 商店会	マルシェの開催 **リソース** 開催会場 什器備品 倉庫 駐車場　他	既存の施設・街への継続的な賑わいの創出によるエリア価値の向上	会場での直接交流 施設への問いあわせ **チャネル** マルシェ	近隣住民 近隣ワーカー 施設利用者

コスト構造	収益の流れ
運営費　広告宣伝費	（顧客からの売上を経由した）出店料

表2　主催者のビジネスモデル（都市部の民間企業の場合）

密には出店料として出店者から得ることになりますが、その出店料は顧客から得た売上から充当されるという流れになります。

マルシェを開催するための「リソース」として、会場や什器備品、倉庫、駐車場などが挙げられます。実施を支える「パートナー」として、運営者・出店者をはじめテナントや自治会、商店会などから協力してもらう必要があります。「コスト構造」としては運営費や広告宣伝費が大きいです。

ポイント

❍主催者は会場近隣のエリア活性化が価値提供となる

❍そのため近隣エリアに関わるパートナーとの協力体制が重要となる

弊社が運営するマルシェのビジネスモデル

ここでは、弊社が運営する三つのマルシェを例にビジネスモデルを具体的に解説します。各マルシェの詳細については5章で紹介しています。

①SouseiMarche（主催・運営：株式会社北海道AgriInnovationDesign）

SouseiMarche（ソウセイマルシェ）は、札幌の複合商業施設サッポロファクトリーにテナントとして入居し通年開催する店舗型マルシェです。弊社が主催者かつ運営者となります。また、出店者が出店する（ビジネスモデル①）だけではなく、弊社自身も全国から仕入販売（ビジネスモデル②）していますので、二つのビジネスモデルが同居しています（表3）。

◉ビジネスモデル1：出店販売

通年開催型マルシェのため、出店したい時に1日単位で出店できるというメリットを活かして、農家や小規模食品事業者に新たな売場として活用してもらい事業成長促す価値提案をしています。

◉ビジネスモデル2：仕入販売

私がこれまで全国のマルシェで培ってきたネットワークを活用して、北海道でほぼ売られてない美味しい食品を各地から仕入れて販売することで、食の楽しみ方を知ってもらい食生活を豊かにする価値提案をしています。

②ヒルズマルシェ（主催：森ビル株式会社）

赤坂のアークヒルズで開催しているヒルズマルシェのビジネスモデルはとてもシンプルです。5章で詳しく紹介しますが、ヒルズマルシェが10年間でつくりあげてきた価値は膨大にあります。

一方で、マルシェを始めた理由がシンプルなため、ビジネスモデルもシンプルになります。特徴的なのは、必ず毎週担当者が現場にいることと、自治会や顧客との交流が常にあることです。また

<table>
<tr><th rowspan="4">パートナー</th><th>主要活動</th><th rowspan="4">価値提案</th><th>顧客との関係</th><th rowspan="4">顧客セグメント</th></tr>
<tr><td>マルシェ運営</td><td>①メール、電話、HPなど
②電話、SNS、店舗対応</td></tr>
<tr><th>リソース</th><th>チャネル</th></tr>
<tr><td>店舗
販売用什器
仕入ルート
運営ノウハウ</td><td>①営業
②対面販売</td></tr>
<tr><td>商業施設
出店者
自治体</td><td></td><td>①インキュベーションスペースとして事業者の成長支援の場
②日本・世界の知られていない美味しい食品を通じて食生活を楽しくしたい</td><td></td><td>①出店者（農業者、小規模食品事業者）
②近隣住民、施設利用者</td></tr>
<tr><th colspan="2">コスト構造</th><th colspan="3">収益の流れ</th></tr>
<tr><td colspan="2">運営費　賃料　人件費</td><td colspan="3">①出店料　②商品売上</td></tr>
</table>

表3　SouseiMarcheのビジネスモデル

<table>
<tr><th>パートナー</th><th>主要活動</th><th>価値提案</th><th>顧客との関係</th><th>顧客セグメント</th></tr>
<tr><td rowspan="3">テナント
出店者
運営者
イベント・企画を支援する活動団体（洋服ポスト・朝クラなど多数）</td><td>マルシェ開催</td><td rowspan="3">近隣住民に新鮮な生鮮食品を届ける
アークヒルズエリアの賑わい創出</td><td>主催者の担当者が1名必ず現場で安全管理</td><td rowspan="3">近隣住民</td></tr>
<tr><th>リソース</th><th>チャネル</th></tr>
<tr><td>会場
什器備品
倉庫</td><td>マルシェ</td></tr>
<tr><th colspan="2">コスト構造</th><th colspan="3">収益の流れ</th></tr>
<tr><td colspan="2">運営費</td><td colspan="3">出店料</td></tr>
</table>

表4　ヒルズマルシェのビジネスモデル

<table>
<tr><th>パートナー</th><th>主要活動</th><th>価値提案</th><th>顧客との関係</th><th>顧客セグメント</th></tr>
<tr><td rowspan="3">出店者
運営者</td><td>マルシェ開催</td><td rowspan="3">主催団体の理念である「コミュニティづくり」を体現する活動の一環</td><td>入居企業との交流</td><td rowspan="3">近隣住民
近隣ワーカー
施設利用者</td></tr>
<tr><th>リソース</th><th>チャネル</th></tr>
<tr><td>会場
什器備品
倉庫
在住大学生</td><td>マルシェ</td></tr>
<tr><th colspan="2">コスト構造</th><th colspan="3">収益の流れ</th></tr>
<tr><td colspan="2">運営費</td><td colspan="3">出店料</td></tr>
</table>

表5　ワテラスマルシェのビジネスモデル

さまざまな企画・イベントを併催しているので、パートナーがとても多いのも特徴です（表4）。

③ワテラスマルシェ（主催：一般社団法人淡路エリアマネジメント）

神田淡路町にある複合商業施設WATERRAS（ワテラス）が完成した直後から、コミュニティづくりの一環としてマルシェを実施。当初はワーカーと住民の双方の集客を狙い、平日と休日に開催していましたが、近隣住民だけを対象とすると集客が難しく（＝コミュニティづくりにならない）、その後、平日2回開催として定着。特徴としては、ワテラススチューデントハウス（地域活動への参加を入居条件にした学生専用マンション）に住む大学生が設営・運営を手伝ってくれています（表5）。

運営者のビジネスモデル

マルシェはつくるには運営者の力も必要です。ここでは主催者が別にいる前提での運営者のビジネスモデルを紹介します（表6）。

主催者がいる場合の運営者のビジネスモデルはシンプルで、［顧客］としてはメインが主催者となりますが、出店料を運営者が受け取る場合は出店者も顧客となります。一方で、運営者が出店料を受け取らない場合は、出店者はマルシェを実施する［パートナー］の位置づけになります。

［チャネル］としては、新規でマルシェの運営を獲得する場合は、営業がその手段となります。［顧客との関係］としては、打ちあわせなどを通じたコミュニケーションとなります。［リソース］

パートナー	主要活動	価値提案	顧客との関係	顧客セグメント
(出店者) 自治体 ボランティア イベント会社	マルシェ運営	主催企業が考えるマルシェコンセプトを体現し最大化すること	打ちあわせ	主催者 (出店者)
	リソース		**チャネル**	
	運営ノウハウ 出店者リスト 企画力 什器備品		営業	
コスト構造			**収益の流れ**	
人件費			運営費　出店料	

表6　運営者のビジネスモデル（標準）

パートナー	主要活動	価値提案	顧客との関係	顧客セグメント
(出店者) システム会社 決済代行会社 印刷会社 通販会社	マルシェ運営	主催企業が考えるマルシェコンセプトを体現し最大化すること 農業支援につなげること	打ちあわせ	主催者 (出店者)
	リソース		**チャネル**	
	長年の運営ノウハウと経験値 出店者リスト 企画力 農業界のつながり		営業	
コスト構造			**収益の流れ**	
人件費			運営費　出店料	

表7　株式会社 AgriInnovationDesignのビジネスモデル

としては、運営ノウハウや出店者リスト、什器備品などがありますが、そのうちどれを保有しているかは、運営者によって大きく差が出てきます。［パートナー］としては、先ほどの出店者以外にも、自治体やボランティアスタッフ、イベント会社など、開催するマルシェの内容や必要とされる能力に大きく左右されます。

ポイント

○運営者は主催者のコンセプトをマルシェで実現することが価値提案となる
○運営ノウハウ、出店者とのネットワーク、企画力、備品調達力等、運営者の持つリソースのレベルによって、マルシェのクオリティは左右される

AgriInnovationDesign のビジネスモデル

それでは弊社の東京におけるビジネスモデルを紹介します（表7）。先述したように、運営者にはそれぞれ強みと弱みがあります。

弊社の一番の弱みは、機材を保有していないことです。ヒルズマルシェ、ワテラスマルシェ、浜町マルシェは主催者側ですでに什器備品を用意していました。唯一、KITTE前地下広場マルシェだけは弊社の保有する備品を使用しています。

一方で弊社の強みは、マルシェ草創期からいち早く関わってきた経験値、複数のマルシェをさまざまな主催者と組んで実現してきた柔軟性、農業界を中心とした出店者とのネットワークなどがあ

ります。また業務を効率化するため、システム会社や決済代行会社、印刷会社、通販会社などが業務遂行のパートナーとなります。

3 使う側のビジネスモデル

出店者のビジネスモデル

つくる側のビジネスモデルと違い、使う＝出店者側のビジネスモデルは千差万別になります。そのため、ここでは一つのビジネスモデル・キャンバスに要素を列挙し（表8）、個別に詳しく説明します。ここでは、3章で紹介した四つの出店目的のうち「所得向上」をめざす出店者を対象とします。

そして標準的なビジネスモデルを紹介した後に、3章でインタビューをさせてもらった5名の出店者のビジネスモデルを紹介します。

①価値提案

ここが空白になっているのは、他の要素はほとんどの出店者に共通していますが、価値提案は出店者によって変わりますので、あえて空欄のままにしています。

<table>
<tr><th>パートナー</th><th>主要活動</th><th rowspan="3">価値提案</th><th>顧客との関係</th><th>顧客セグメント</th></tr>
<tr><td rowspan="3">主催者
運営者
他の出店者
資材購入先
卸元
輸入業者
通販会社
自治体
地域団体
加工場
製造会社
人材派遣会社</td><td>マルシェでの販売
商品の生産・製造・仕入</td><td>対面販売での交流
メール・SNSを通じた PR</td><td rowspan="3">一般の利用客
飲食店関係者
他の出店者</td></tr>
<tr><th>リソース</th><th>チャネル</th></tr>
<tr><td>生産・製造に必要な畑や工場など
生産・製造ノウハウ
仕入販売に必要な目利き力
販売ノウハウ
スタッフ育成</td><td></td><td>マルシェでの販売
商品発送
店舗納品</td></tr>
<tr><th colspan="2">コスト構造</th><th colspan="3">収益の流れ</th></tr>
<tr><td colspan="2">出店料　駐車場代　人件費
什器備品代　配送料　旅費交通費
生産・製造費　商品仕入代</td><td colspan="3">商品売上</td></tr>
</table>

表8　出店者のビジネスモデル（要素の洗い出し）

②顧客セグメント

ベースはマルシェを利用する一般客になります。その他にも業務での取引を希望する飲食店、キッチンカーや食品製造といった他の出店者などもマルシェでの顧客となります。

③チャネル

マルシェ出店による対面販売に加えて、その販売効果で店舗への納品や別口での商品発送も発生します。マルシェの常連出店者は卸先を開拓し、マルシェ終了後に近隣へ納品をしてから帰る方もいます。

④顧客との関係

対面販売で親交を深めていき、気軽に挨拶ができるような関係性をつくりあげている出店者は少なくありません。マルシェの強みは、この顧客との関係性が濃くなることです。そうすると、メールやLINE、SNSを通して直接顧客に次回の出店日や新商品を案内できるようになります。さらに親交が深まると、出店者が顧客を、顧客が出店者を自宅に招いたりすることもあります。

⑤収益の流れ

対面にしろ、卸売にしろ、収益が上がる要素は商品の販売となります。

⑥主要活動

マルシェでの対面販売とそこで売るための商品の生産・製造もしくは仕入が主な活動になります。

⑦リソース

主要活動の方法によって大きく変わりますが、自社生産商品の販売の場合は、その商品の生産・製造に必要な畑や工場・設備などが必要となり、仕入販売の場合は、目利き力が必要になります。また販売に関してもノウハウが必要になりますが、こちらはマルシェ出店を継続していくことで磨かれます。マルシェでの出店を拡げていく場合は、販売スタッフの調達が必要となりますが、しっかり教育した販売スタッフを配置するかしないかで、売上に大きな差が出ます。

⑧パートナー

自社で賄えない活動を担ってくれるのがパートナーです。マルシェを一緒に開催している仲間（主催者、運営者、他の出店者）はもちろんですが、商品の生産・製造に関わるビジネスパートナーも挙げられます。野菜の生産で言えば、種も機械も資材も他の業者から購入していることがほとんどなので、そうした相手もすべてパートナーになります。仕入の場合は、仕入先や輸入業者などがパートナーとなります。そのほか、行政や地域団体の補助金を活用して出店している場合は彼らもパートナーです。

⑨コスト構造

出店でかかる経費と商品にかかる経費とに分かれますが、出店でかかる経費は、出店料や会場までの旅費交通費、駐車場代、商品配送料、ディスプレイに必要な什器備品代などがかかります。商品にかかる経費では、自社製造なら製造コスト、仕入なら仕入原価となります。

農家のビジネスモデル

具体例として、最初に農家3社のビジネスモデルを紹介します。あくまでマルシェ出店におけるビジネスモデルであり、各農家の事業全体のビジネスモデルではありません。また、ここではパートナーにマルシェに関わる主催者などの表記も割愛します。

①百鶏園（山梨県北杜市・養鶏農家）

百鶏園さんは、飲食店舗への卸売りよりは直接顧客に食べてほしいという思いが強いので、「顧客セグメント」は一般の利用客のみとしています（表9）。また、マルシェに出店することはスーパーマーケットと同じで、お客さんが買いたい時に売っていなくてはいけないという想いも強いことから、「価値提案」をそこにしました。

②鶏殿シトラスファーム（千葉県松戸市・レモン中心の柑橘農家）

パートナー	主要活動	価値提案	顧客との関係	顧客セグメント
鶏 管理に関する設備など購入元 商品資材購入元	マルシェでの販売 鶏の管理 商品製造	顧客が買いたい時に買えるように、毎週出店して美味しい卵をお届けする	対面販売での交流	一般の利用客
	リソース		**チャネル**	
	販売ノウハウ 管理ノウハウ 管理設備 製造設備 什器備品		マルシェでの販売	

コスト構造	収益の流れ
出店料　燃料費　高速道路代 鶏の管理費　加工品製造原価	卵、温泉卵、シフォンケーキの売上

表9　百鶏園のビジネスモデル（マルシェ出店について）

鶏殿シトラスファームさんはマルシェでの販売から飲食店などへの取引拡大も考えて出店しているため、「顧客セグメント」に飲食店も入っています（表10）。「価値提案」の点では、直接対面販売をした経験がなかったため、まずは信頼を得られる店舗になろうと努力し、一見食べ方が難しそうなレモンのレシピや使い方などを紹介する工夫をしています。特徴的なのは、都市型農業のため、圃場の近隣住民の理解がないと、生産活動そのものができなくなる可能性があるということで、「パートナー」に挙げています。

③倉田農場（北海道岩見沢市・米農家）

倉田農場さんのビジネスモデルは非常に特徴的であり、米だから可能な取り組み方です（表11）。SouseiMarcheに月1回（執筆当時）出店してくれていますが、「顧客セグメント」としては、メインはマルシェの利用客よりもインターネット販売で購入してくれた顧客になります。マルシェで商品を引き渡すことで顧客の送料負担をなく

パートナー	主要活動	価値提案	顧客との関係	顧客セグメント
生産に関わる資材等の購入元 圃場の近隣住民	マルシェでの販売 作物の生産	顧客に信頼される生産者となり、レモンの食べ方を多くの方に届けたい	対面販売での交流 電話・メール対応	一般の利用客 飲食店
	リソース		**チャネル**	
	生産設備 生産能力 什器備品		マルシェでの販売 店舗納品	
コスト構造			**収益の流れ**	
出店料　燃料費　高速道路代　生産コスト			レモンを中心とした柑橘、ハーブの売上	

表10　鵜殿シトラスファームのビジネスモデル（マルシェ出店について）

パートナー	主要活動	価値提案	顧客との関係	顧客セグメント
米の生産に関わる購入元 インターネット販売に関わるシステム会社	マルシェでの販売 インターネット販売 米の生産	送料が高くなり、購入を躊躇した顧客に送料がかからない購入方法の提案 マルシェで自社の米を知ってもらいたい	対面販売での交流 メール等での対応	インターネット販売の顧客 マルシェの利用客
	リソース		**チャネル**	
	販売ノウハウ 生産設備 生産能力 什器備品		マルシェ販売	
コスト構造			**収益の流れ**	
出店料　燃料費			マルシェでの米の販売 事前のインターネットでの当日引取販売	

表11　倉田農場のビジネスモデル（マルシェ出店について）

し、米を購入しやすくしています。米の場合は他の野菜等とは違い、月1回、食べる量を購入することができれば鮮度も問題ないため、こうした取引形態が可能になっています。またマルシェでも販売しているので、そこから新規顧客の獲得にもつながっています。

食品事業者のビジネスモデル

次に、食品事業者2社のビジネスモデルを紹介します。あくまでマルシェ出店におけるビジネスモデルであり、各事業者の事業全体のビジネスモデルではありません。また、ここではパートナーにマルシェに関わる主催者などの表記も割愛します。

①世田谷ファームランド（東京都世田谷区・シフォンケーキの製造販売）

世田谷ファームランドさんの特徴は、手に取りやすい価格を維持することで顧客を拡大し、その顧客が飽きないように常に10種類のシフォンケーキを並べ、季節ごとに入れ替えられる商品開発力がビジネスモデルの鍵となります（表12）。新しいシフォンケーキの材料を他の出店者から仕入れることもありますので、他の出店者も「パートナー」になります。完成食品のため、飲食店卸はなく、一般の顧客に絞った販売形式となります。

②篤家（神奈川県横須賀市・カンボジア産胡椒の仕入販売）

海外の商品を輸入販売しているビジネスモデルでは、「パートナー」との交渉力が重要になります（表13）。篤家さんの場合は、胡椒を生産する農家、輸入業者、輸入した胡椒を瓶詰や加工をす

パートナー	主要活動	価値提案	顧客との関係	顧客セグメント
材料・資材仕入元 他の出店者	マルシェでの販売 商品製造	気軽に買える金額で子どもにも食べてもらえるシフォンケーキの提供	対面販売での交流	一般の利用客
	リソース		**チャネル**	
	販売ノウハウ 製造設備 商品開発力 什器備品		マルシェ販売	
コスト構造			**収益の流れ**	
出店料　燃料費　製造原価			シフォンケーキの売上	

表12　世田谷ファームランドのビジネスモデル（マルシェ出店について）

パートナー	主要活動	価値提案	顧客との関係	顧客セグメント
胡椒の生産農家 輸入業者 国内の加工会社	マルシェでの販売	生胡椒の美味しさを広め、家庭の調味料として使ってほしい	対面販売での交流 メール等での対応	一般の利用客 飲食店
	リソース		**チャネル**	
	販売ノウハウ 交渉営業力 什器備品		マルシェ販売 店舗納品	
コスト構造			**収益の流れ**	
出店料　交通費			胡椒の売上	

表13　篤家のビジネスモデル（マルシェ出店について）

る国内企業といったパートナーのどれか一つでも欠けると事業として成立しなくなります。出店者本人が感動した生胡椒を多くの人に届けたいという思いで事業が始まっていますので、そこがマルシェ出店における［価値提案］になります。また飲食店卸などにも販路が拡大していますので、［顧客］には一般の利用客と飲食店が挙げられます。

一口に農家といっても、出店者によってその価値提案やビジネスモデルが変わりますし、食品事業者も、製造販売、輸入仕入販売でビジネスモデルは大きく変わりますので、自社のビジネスモデルの特徴はどこかを明確にしながらつくってみて下さい。

ＰＲ目的でのビジネスモデル

これまでは、「所得向上」を出店目的とする出店者のビジネスモデルを紹介してきましたが、３章で紹介した出店目的の一つに、「ＰＲ」があります。ここでは、自治体や企業が大々的に新商品や地元のイベントなどのプロモーション目的で出店する場合のビジネスモデルを紹介します（表14、15）。

両者とも少し違いがありますが、ＰＲで出店する場合は販売が伴わないこともありますので、［収益の流れ］として売上はないことがあります。［価値提案］は商品や状況によって変化してきますが、自治体のＰＲの場合は顧客へ向けた価値提案という意識は弱く、企業の場合は企業ビジョンや商品コンセプトなどもしっかりしているため、その商品のコンセプトがそのまま価値提案にな

パートナー	主要活動	価値提案	顧客との関係	顧客セグメント
地元企業 広告代理店 印刷会社 コンサルタント	マルシェへの出店	地元の商品、イベントの魅力を伝えたい	チラシ、パンフレット等の配布	一般の利用客
	リソース		**チャネル**	
	什器備品 人員 実施予算		マルシェでの宣伝・商品配付	

コスト構造	収益の流れ
出店料　広告宣伝費	（商品売上）

表14　自治体の PR出店のビジネスモデル

パートナー	主要活動	価値提案	顧客との関係	顧客セグメント
広告代理店 人材派遣会社 デザイン会社 印刷会社	マルシェへの出店 新商品製造	新商品を通じた新しい食生活シーンの提案	チラシ、パンフレット等の配布	一般の利用客
	リソース		**チャネル**	
	商品開発		マルシェでの宣伝・販売	

コスト構造	収益の流れ
出店料　広告宣伝費	—

表15　企業の PR出店のビジネスモデル

ることが多いです。多くの自治体・企業は［パートナー］企業への上手な外注を行っていて、プロモーション全体の設計も広告代理店などが実施しており、マルシェの活用もその一環となります。

自治体の場合、当日に多くの自治体職員や生産者が一緒になって出店し、地域を盛り上げながら販売・宣伝することが多いですが、企業の場合は、企業の担当者が不在で派遣スタッフがサンプル配付と紙のアンケート集計をしている場合もあります。

4 顧客のビジネスモデル

マルシェの顧客と利用法

最後は、マルシェを支えてくれる顧客について考えます。顧客はマルシェをビジネスとして利用しているわけではないので、これまでのようなビジネスモデルをつくることはできません。ここでは、マルシェの利用客や出店者から聞いた情報から、どんな人がマルシェを利用しているのか、またどんな使い方をされているのかを紹介します。

マルシェを使う消費者像

①近隣住民

他に買物がする場所がない、新鮮な食材が欲しい、という食に対する意識が高く、マルシェ開催地の近所に住んでいる人。

②近隣ワーカー

マルシェ開催地の近くのオフィスに勤務し、出退勤や昼休みにマルシェに立ち寄るワーカー。自宅に持って帰る野菜を買う人もいますが、多くは会社で食べられる菓子やバッグに入るくらいの小さくて軽い加工品、キッチンカーでランチをとるといった需要が多いです。

③観光客

商業施設や駅の近くで開催するマルシェに立ち寄る人の多くは、仕事や観光でその街に来た人です。観光客が多いマルシェの場合はリピーター化しにくい（次に来る可能性が限りなく低い）ため、売り方に注意が必要です。

④出店者

マルシェの出店者は他の店舗の商品を購入することもあります。そうしてお互いの商品や店舗への理解を高めていくのはマルシェに一体感をもたらします。

出店者を顧客セグメントに入れるには母数が少ないので、最初の３パターンの消費者像を頭に入れて、出店者が自社商品を販売するにはどういう消費者をターゲットにすればよいのか、主催者や運営者はこの消費者のどこの割合を多くするのかを決め、それによってマルシェのコンセプトづくりや出店者選びを行います。

次に、利用客がマルシェをリピートするようになる理由について紹介します

マルシェでリピーター化する理由

①商品を楽しむリピーター

出店者から聞いて一番驚いたのが、海外から来ていた利用客が商品を購入して自国に戻り友人に紹介したら、その友人もその商品を買いにわざわざマルシェまで来てくれたという話です。そこまでして買いたくなる商品の力は凄いです。

商品へのリピーターの場合は、マルシェへの依存が少ないので、出店者が違うマルシェへ移ると、そのリピーターも来なくなります。

②マルシェを楽しむリピーター

マルシェで過ごすことを楽しんむ人はマルシェそのもののリピーターです。SouseiMarcheでは、出店者以外の自社販売ブースを設けて、「美味しい・珍しい・新しいがきっとがある」というコンセプトで商品を仕入れ陳列にも工夫を凝らして、マルシェ自体のファンづくりをしています。

INTERVIEW

7

10年間、毎週ヒルズマルシェに通い続けています!

ペイン・ディヴィッド&千夏さん

ヒルズマルシェがスタートした頃から10年間、
毎週リピーターとして通ってくれている
ペイン・ディヴィッド&千夏ご夫妻。
なじみの出店者とは友達づきあいをするほど、
マルシェが日常生活に溶け込んでいる様子を伺いました。

たんのファームさん(トマト農家、千葉県いすみ市)と会話をするペインご夫妻(右)

――ヒルズマルシェに来るようになったきっかけを教えて下さい。

ディヴィッド　ヒルズマルシェができる数カ月前に赤坂に引っ越してきました。赤坂には当時、鮮度の良い野菜が買えるスーパーマーケットがありませんでした。

千夏　困っていた時にこのヒルズマルシェのことを見つけて来てみたら、実際に農家さんが来て、珍しい野菜も販売されているし、値段も良心的だし、野菜はもうここで買おうと決めました。

毎週土曜日に1週間分の野菜を全部ヒルズマルシェで購入して、スーパーマーケットでは肉や魚を購入しています。このスタイルが10年前に確立されましたね。

ディヴィッド　マルシェの野菜はやはり美味しい！なにより新鮮だし。

最初の目的は野菜を買うことでしたが、最近は出店農家さんと仲良くなり遊びに行かせてもらったりして、友達のようにおつきあいをしています。

――最初に仲良くなって遊びに行った出店者さんは？

千夏　昔出店されていた愛媛の完熟屋の溜池算人《かずと》さんです。柑橘と蜂蜜を買ったら凄く美味しくて。まだお店を開業しておられなかった頃はメールで注文をしていました。

5、6年前に、四国を旅行した時に溜池さんのお宅に伺わせていただきました。圃場に行って斜面に上ってミカンジュースをみんなで飲んだりしました。溜池さんのつくる柑橘は本当に美味しくて、1回買ったら他の店の商品は食べられないですね。

――ヒルズマルシェで、いつも買う店は決まっているんですか？

千夏　葉物野菜を売っている店で買うことが多いですね。きのこ類はいばらき市で買ったりしますが、たまに不思議な野菜が置いてある店にも引きつけられます。

いつも、たんのファーム、いばらき市、戸辺農園、小坂農園、ノザワ農園、うえのはらハーブガーデンを覗きます。
そして買物の後はアークヒルズのBubby'sでブランチをとります。これをやらないと土曜日が締まらないです。

――ヒルズマルシェへのリクエストはありますか？

千夏　このマルシェに10年間通っているので、私たちの暮らしの一部になっていて、別の街に引っ越せないくらいです。以前住んでいた代官山は良い食材を買える店がなくて大変でしたから。

ディヴィッド　新しい食材との出会いを楽しみにしているので、もっと出店者が増えたら嬉しいですね。

千夏　ヒルズマルシェのことを知らない人がまだまだ多いと思います。赤坂方面からも歩いて来れる距離なのに全然マルシェの情報が入ってこない。
特に料理好きの人にはこのマルシェは合っていると思います。ここにしかない商品、今しかない商品の情報がもっと広く伝わるといいですね。

――マルシェの魅力を一言で言うと？

千夏　私は料理が好きなんですけど、ヒルズマルシェのなじみのお店では、自分たちがどんな料理をつくっているのか、どんなものが好みかもわかってくれているので買物も楽しくなります。
マルシェは単に野菜を買う場所から、コミュニケーションの場所になっていますね。

ディヴィッド　マルシェは温かい場所ですね。
最近、スーパーマーケットに行っても野菜を買いたいと思えなくなりました。スーパーマーケットは合理的かもしれませんが、並んでいる商品は、どこから来て、誰がつくったのかわからないし、人の温度は感じられませんから。
生産者の顔が見えるマルシェは失われた昔の商店街のような、みんなが顔なじみのコミュニティですね。

5章

マルシェの現場案内

1　ヒルズマルシェ─街のプラットフォームになる

買物の場からご近所づきあいの場へ醸成

最終章では、私が運営している五つのマルシェを事例に、マルシェのつくり方や使い方のプロセス、その成果について具体的に紹介します。

本書で、マルシェを運営する方法論を紹介していますが、そのベースになっているのが、2019年9月から毎週土曜日に開催している「ヒルズマルシェ」(東京都港区赤坂)の運営です。ヒルズマルシェは、アークヒルズのアーク・カラヤン広場で開催しています。オフィスタワーとレジデンスタワーの間にある広場で、飲食店やサントリーホール(コンサートホール)にも面しています。

会場の特徴としては、他のマルシェ会場と違い、大通りに面していないので、本来人通りが多い場所ではありません。一方で、広場には庇がついていて日差しや雨を凌げるため、天候に左右されずにマルシェを開催しやすいという利点があります。また、2009年からマルシェを継続開催してきたことで、週末の賑わいも定着してきました。

ヒルズマルシェが始まるきっかけは、六本木ヒルズで2003年から開催されている「いばらき市」にあります。茨城県産の生鮮野菜を、森ビルの関連会社が六本木ヒルズで土曜日の朝に「いばらき市」と称し販売を始め、２００６年にはアークヒルズでも販売をするようになりました。そして２００９年、農林水産省がマルシェの普及を目的に立ち上げたマルシェ・ジャポン・プロジェクトが始まり、森ビルが当事業を受託したことを受け、「ヒルズマルシェ」という現在の形で、いばらき市も含め運用をスタートしました。そしてスタートから約半年後、前述のように農家のこせがれネットワークが運営事務局を引き受け、現在に至っています。

毎週、多くのお客さんが来られますが、一番早い方は10時開始を待たず、出店者がまだ会場に到着する前から会場に集まり始めます。そしてなじみの出店者とまるでご近所さん同士のような距離間で挨拶を交わす風景が見られます（写真２）。何気ない風景のように見えますが、一方は東京の赤坂周辺に住んでいる方々、もう一方は千葉や茨城、神奈川、遠くは山梨や長野、富山から来ている農家や出店者の方々です。マルシェがなければ出会うことがなかった両者がマルシェを通じて出会い、ただ買物をする以上の親しい関係を築いているのです。

お客さんが大量に商品を購入されたら出店者が駐車場や自宅まで運んであげたり、出店者の片づけをお客さんが手伝ってくれることもよくあります。また、常連の出店者が来ていないと、運営事務局や他の出店者に、「あの店は今日はどうしたの？」と尋ね、お客さんがその出店者を待っていることがよくわかります。

１章で、マルシェは「コミュニケーション型移動小売業」と定義しましたが、単に対面で販売す

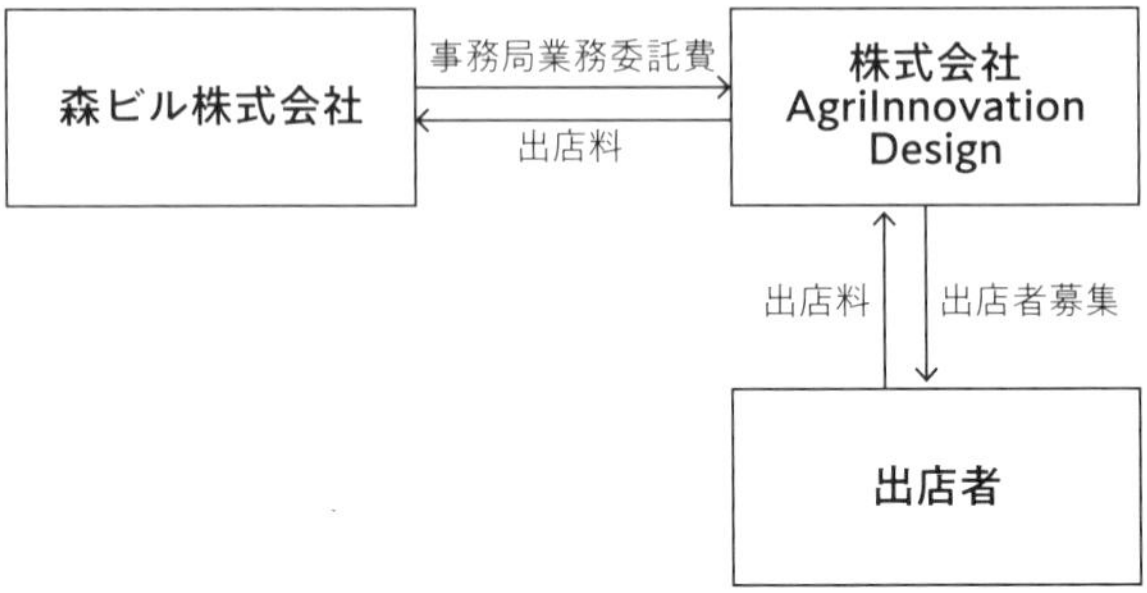

図1　ヒルズマルシェの運営組織図

／開催概要／

開催日：毎週土曜日
時間　：10：00 ～ 14：00
場所　：アークヒルズ　アーク・カラヤン広場
住所　：東京都港区赤坂1丁目12-32
主催　：森ビル株式会社
運営　：株式会社 AgriInnovationDesign

写真1　ヒルズマルシェ

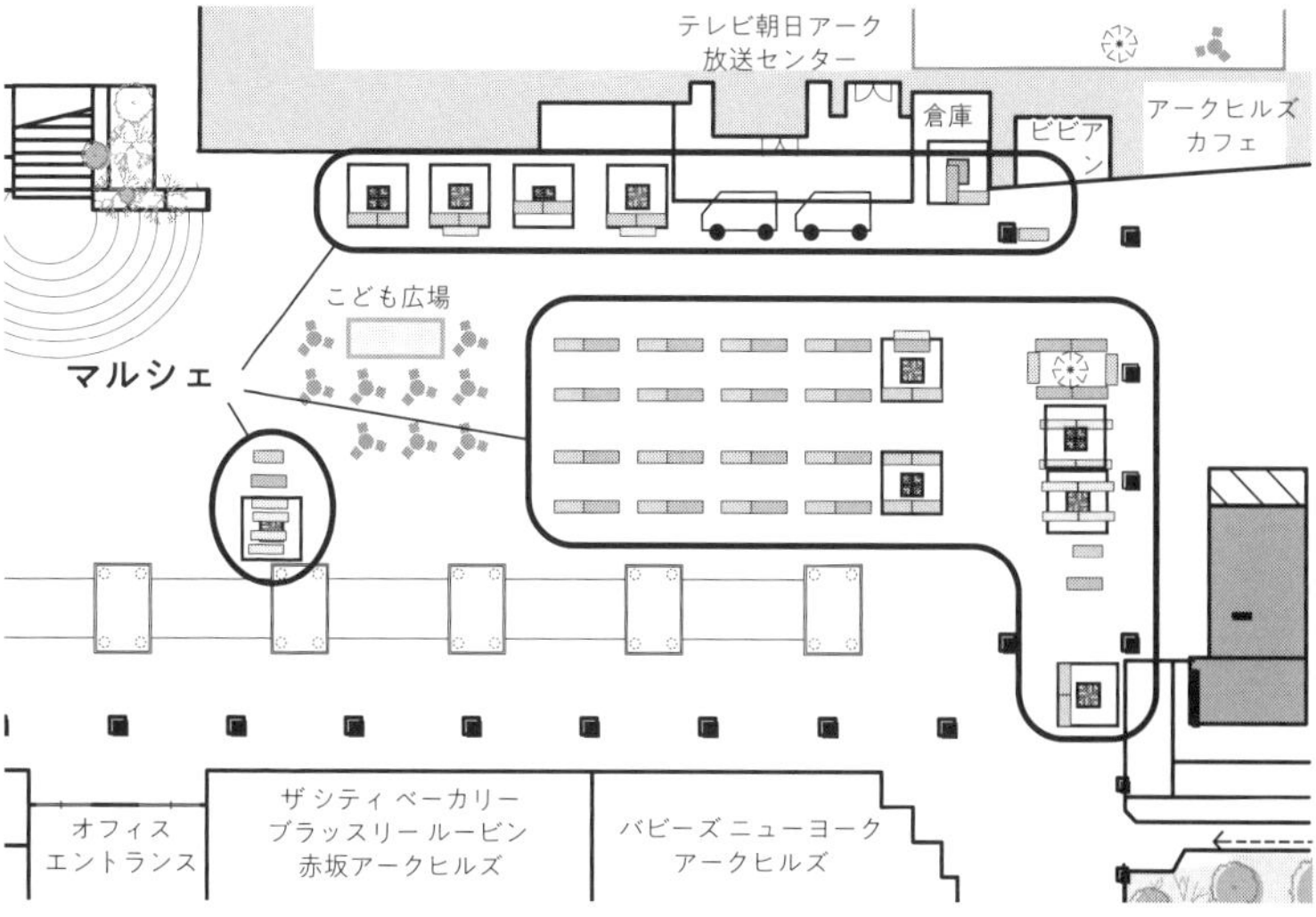

図2　ヒルズマルシェの配置図

写真2　常連のお客さんと出店者が笑顔で挨拶をしている様子

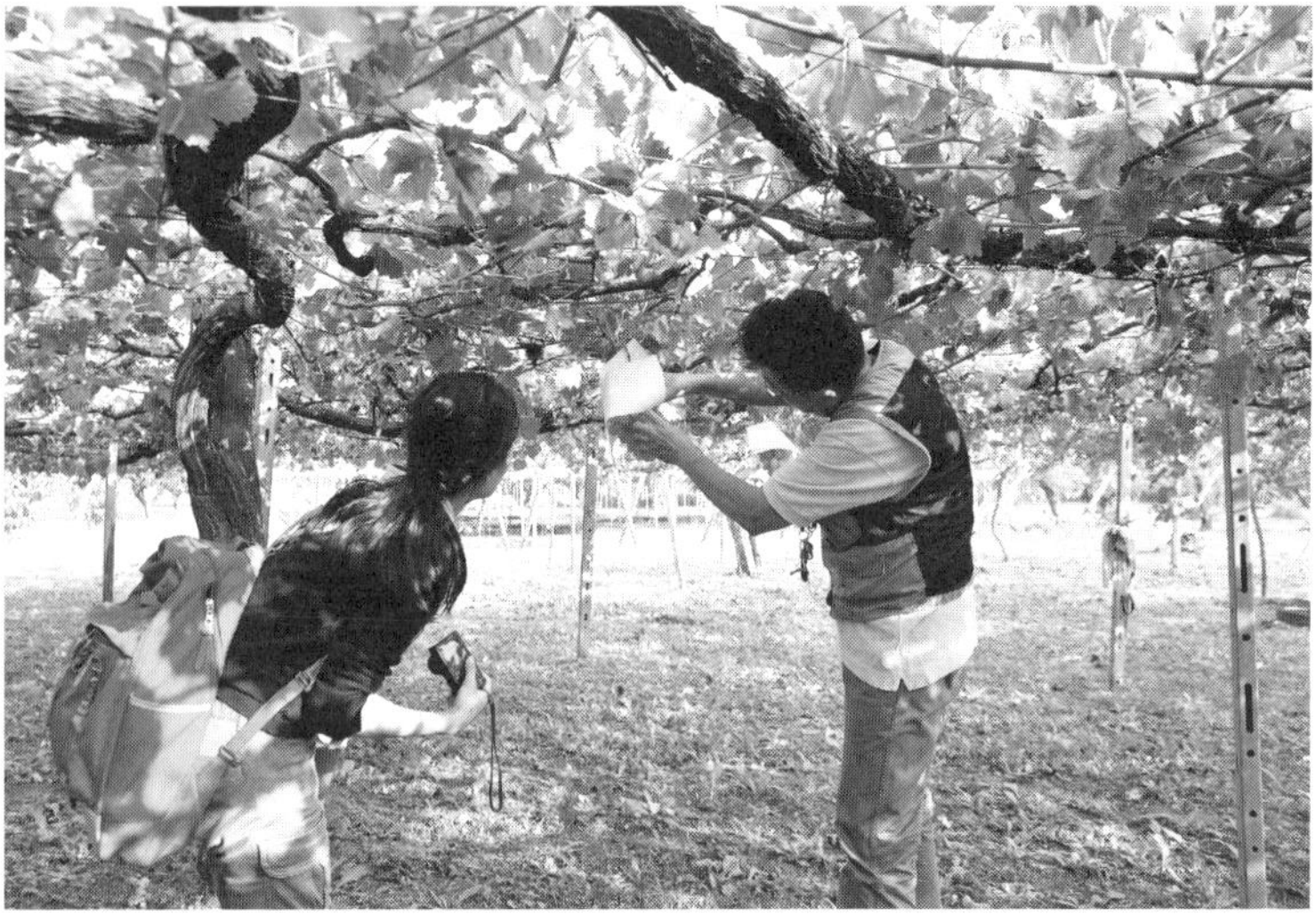

写真3　ノザワ農園（山梨県南アルプス市）を訪問

写真4　ヒルズマルシェ 8周年（2017年9月）の時の出店者の集合写真（上）と
利用者に寄せてもらったメッセージ（下）

ること以上に、相手のことを心配するほどの関係を醸成できる場になっていることは、10年間続けてきたヒルズマルシェの成果ではないかと考えています。

そうした信頼関係に裏打ちされたコミュニケーションの延長線上に、お客さんが出店農家さんの所へ遊びにいくこともしばしばあります（4章参照）。弊社も出店者との交流を楽しみにしていて、私自身、農業プロデューサーとして生産現場を見たい気持ちは強く、少しずつ出店農家さんを訪問しています（写真3）。圃場を見学させてもらいながら、作物の育て方や農業に関する考え方、マルシェを通じてどんな変化があったかなどいろいろな話を聞かせもらうことで、マルシェ運営のヒントをもらっています。

屋台骨として支えてくれるベテラン出店者

こうしたご近所づきあいのようなマルシェコミュニティを支えてくれているのは、長きにわたり出店くれている出店者の方々です。ヒルズマルシェの屋台骨と言えます。6年以上にわたり定期的な頻度で出店している出店者を調べたところ、13店舗ありました（表1）。

こうしたベテラン出店者の方々がヒルズマルシェを活用し続けてくれるおかげで、3章のインタビューに登場する若手農家も彼らに続けとばかり出店してくれるようになりました。

こうしたベテラン出店者さんの中には、最初に出店した時と最近では、平均売上が4倍近くアップしている方もいます。

10年、500回の運営で変化したオペレーション

スタートから10年、500回の開催を地道に積み上げてきたヒルズマルシェ。その間、主催者・

農家	小坂農園（東京都国分寺市） 戸辺農園（千葉県九十九里町） たんのファーム（千葉県いすみ市） ノザワ農園（山梨県南アルプス市） 濱田ファーム（富山県黒部市）
食品	いばらき市（食品全般） さがみこ有機畑（神奈川産農産物） とさ笑店（高知県産農産物、加工品） 江戸前漁師を守る会（東京湾産海産物） Seasning Lab（シーズニング） ジェラファーム美里（ジェラート）
雑貨	蓼科マリーローズ（バラの化粧品） Andiamo al parco（バッグ・ポーチ）

表1　ヒルズマルシェに6年以上出店してくれているベテラン出店者（2019年5月時点）

写真5　マルシェ会場に掲示する出店者マップ

運営事務局でもさまざまなマイナーチェンジを行ってきました。

①設営・撤収の人員確保

運営事務局を始めた当初は、今のようにオペレーションの効率化もできておらず、設営・撤収にも多くの人員が必要でした。最大の理由は、各店舗のテントの仕様が違ったからです。2年目、3年目は設営・撤収に8人の人員を配置していましたが、事務局メンバーだけでは足りないため、最初は農業に関心のある大学生に毎週手伝ってもらいました。その後、丸の内朝大学農業クラスを運営することで、食やマルシェ、農業に関心が高い社会人ネットワークができました。その受講生たちを中心に、登録者数50名にものぼるヒルズマルシェサポーター制度を構築し、ボランティアスタッフとして数年間共に活動してもらいました。その後、オペレーションの効率化をした結果、ここ数年は4人の事務局メンバーで設営・撤収しています。

②柔軟に試行錯誤を繰り返す

マルシェ会場の出店者の場所を表示する出店者マップの制作も運営事務局の仕事です（写真5）。利用客がどんな情報を必要としているのか、どうすれば見やすいかを試行錯誤しながら、修正してきました。

その他にも営業時間にサマータイムを導入してみたり、平日にオフィスワーカー向けに開催を試みるなど、さまざまな取り組みをすぐに試しては改善できる柔軟さも、ヒルズマルシェの特徴の一つです。

それもヒルズマルシェでやりましょう！

10年目を迎え、ヒルズマルシェはさまざまなモノ・コト・ヒトが集まり交流するプラットフォーム（土台）になりつつあります。開始当初はまさに「市場」の名の通り、出店者が商品を売り、お客さんが買物に来るというシンプルな市場（マルシェ）機能が中心でしたが、その市場をもっと楽しむ、活用することへも進化を遂げてきました。主催者と運営事務局のアイデアももちろんありますが、外部からヒルズマルシェでこういうことをしてみたいというアイデア相談をいただくことも増えてきました。

主催者の他の企画をヒルズマルシェ内で開催することもありますが、他のイベントにヒルズマルシェを併催させてもらうこともあります。たとえば秋に開催される音楽祭「ARK Hills Music Week」では、アーク・カラヤン広場で開かれる生演奏のコンサートやサントリーホールの演奏会のライブビューイング会場の横でヒルズマルシェを開催しています。こうした催しは、演奏を聞きにきたお客さんにマルシェを知ってもらう良い機会にもなります。

また今でも印象深く覚えているのが、２０１０年に開催された「ローズフェスティバル」というイベントです。アーク・カラヤン広場の中央に設置された素敵なローズテラスでハープなどの演奏が行われ、それを囲うようにマルシェのテントが並び、新鮮な野菜を販売しました。それは、まるでヨーロッパの庭園でマルシェが開催されているようでした（写真6）。

上：写真6　ローズフェスティバルとヒルズマルシェの併催

中：写真7　農業ルーキーズのメンバーとアークヒルズで畑作業

下：写真8　マルシェと併催される、朝♪クラ マルシェコンサート（提供：森ビル株式会社）

さらに、都心の緑を育てる参加型コミュニティ「ヒルズガーデニングクラブ」とのコラボレーション企画「農業ルーキーズクラス」もユニークな取り組みです（写真7）。講義とフィールドワークなどを交え楽しみながら多角的に農業と野菜について学べる企画で、ヒルズマルシェの出店農家さんに指導してもらいながら、アーク・カラヤン広場に畑をつくり、そこで野菜を育てる活動も実践しました。

２０１８年からは季節ごとに旬を楽しむ企画をマルシェで始めました。

ヒルズマルシェの旬を楽しむ企画

春：ストロベリーフェスティバル
夏：トウモロコシ&枝豆フェスティバル
秋：大収穫祭（周年イベント）（毎年9月）
冬：食べてあたたマルシェ

こうした新しい企画は、プレスリリースを打つなど新規顧客の取り込みも目指して実施しています。春のストロベリーフェスティバルでは、12種類の苺の食べ比べセットの限定販売などの目玉商品を用意したところ、多くのお客さんで大いに賑わいました。

冬の企画では寒い真冬でも、いかにお客さんに足を運んでもらうかを考え、暖かいメニューを

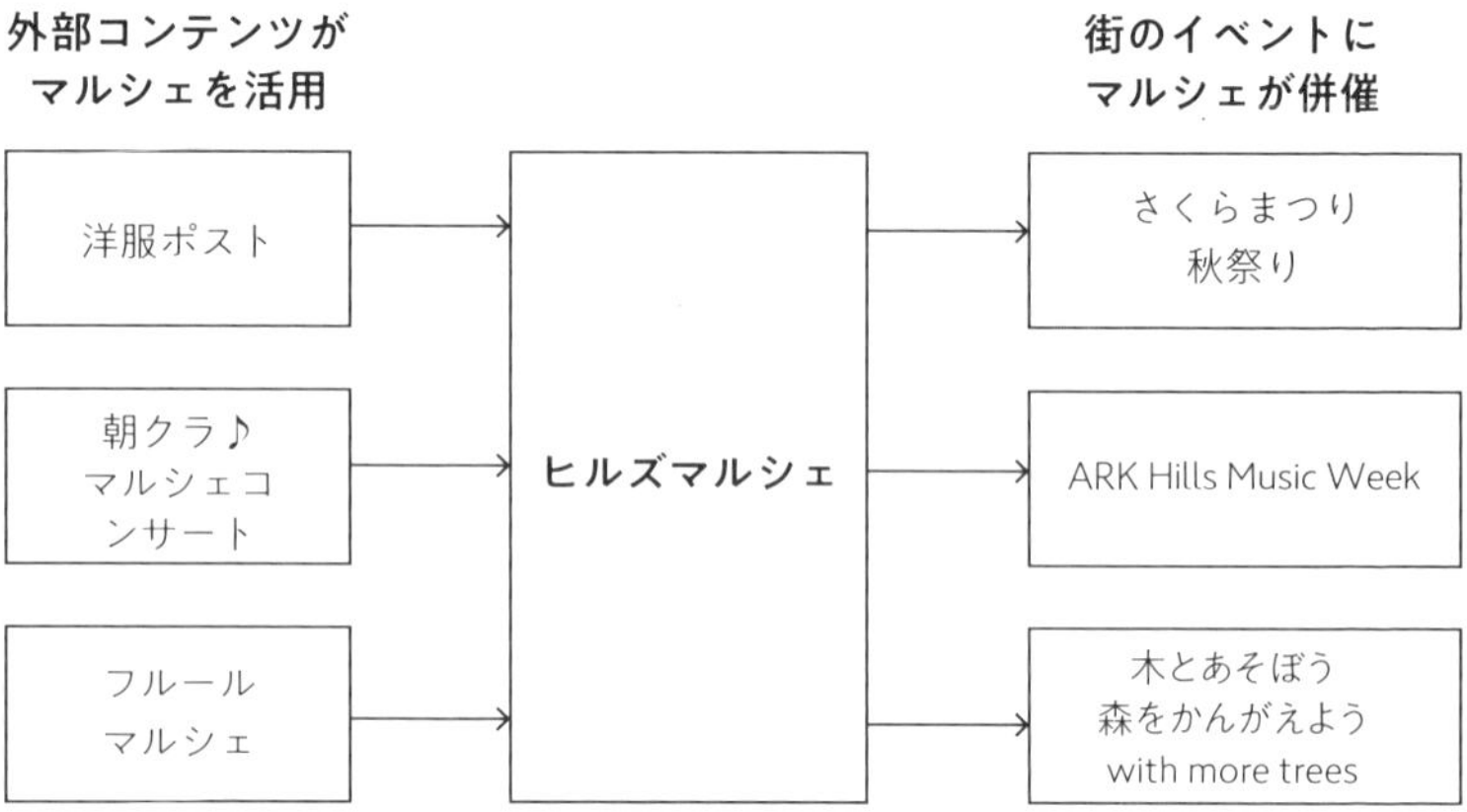

図3　他団体の活動とヒルズマルシェのコラボレーション

提供できるキッチンカーを多数並べ、テントで囲った飲食スペースをつくり、マルシェとのコラボメニューを楽しんでもらいました。

こうした企画以外にも、ヒルズマルシェにはさまざまな企画が外部から持ち込まれます。外部団体の方がマルシェで長年実施している活動としては、家で使わずに眠っている衣類を世の中の役に立てる「洋服ポスト」を毎月第2土曜日に開設したり、将来を担う若手音楽家のクラシックミニライブ「朝♪クラ マルシェコンサート」を開催したりもしています(写真8)。

地域のお祭りにお邪魔します

ヒルズマルシェはアーク・カラヤン広場で開催される地域のお祭りにもご一緒させてもらっています。地元の自治会の方々には日ごろからマルシェに買物にお越しいただいていますが、なかでも毎週来られる自治会長からは地域のことをいつも教えてもらっています。

アークヒルズでは、さくらまつりと秋祭りの年2回、お祭りがあり、それぞれ金土日の3日間開催され、マルシェも併催されます。お祭りの際はマルシェもいつもより営業時間を長く開催しますが、お祭りと併催することで、平日しかいないオフィスワーカーやお祭りに来る遠方客など新規の利用客への販売機会になり、いつものマルシェとは一味違う雰囲気になります。秋祭りの「ブドウ狩り」は、山梨県南アルプス市で果物を栽培するノザワ農園さんにご協力いただき、テントを活用し、さながらブドウ畑にいるような空間を演出する目玉企画で、子どもたちに大人気です。

そして1年の締めくくりの年末には、アークヒルズ自治会主催の餅つき大会が実施されます。アーク・カラヤン広場に杵・臼が用意されて餅米を次から次へとついていきます。できた餅の一部はその場で雑煮にして販売され、マルシェの出店者たちの胃袋を温めます。餅つき大会は自治会の方以外にも店舗スタッフやヒルズマルシェのお客さんなどさまざまな人々を巻き込んで行われる、まさに地域密着型イベントです。

ヒルズマルシェと他の団体の活動とのコラボレーションの状況をまとめると、図3の通りです。

自治体や企業のPRもマルシェで展開

自治体や民間企業がキャンペーンやプロモーションとして活用するという出店スタイルもあります。通常ヒルズマルシェでは、のぼりの設置や法被《はっぴ》の着用、販売に関係のない広告の展示や、チラシの無作為な配布などは原則禁止しています。

その一方で「ＰＲブース」という枠組みを設けています。これまでこの「ＰＲブース」は、自治体だけでも北海道から九州まで幅広い地域から活用してもらっていますが、出店理由は概ね下記の三つです。

ヒルズマルシェをプロモーションに活用する理由

①一等地にある立地環境
②地域密着でリピーターが多く集客に困らない
③開催時間10時から14時と効率的

①一等地にある立地環境

赤坂・六本木エリアは、富裕層も多く住むタワーマンションが多数あり、質の高いライフスタイルを志向する住民が会場近隣に住んでいます。そうした住民向けにプロモーションを行いたい方には最適な立地です。

②地域密着でリピーターが多く集客に困らない

そうした近隣エリアの住民が多くリピーターとなっているマルシェでは、集客に心配せず安定したプロモーションが行えます。

③開催時間が短く効率的

地域名	実施理由	特徴
福井県 永平寺町	地域のプロモーション	地域の伝統的祭り、酒、食材と季節ごとの魅力を伝えるべく、1年間で3回の出店
北海道 東神楽町	アスパラの プロモーション	東神楽町産特産の PR販売と、年1回のイベント「アスパラナイト」の告知
宮崎県綾町	ブロックチェーンの 実例構築	企業と取り組むブロックチェーンの農業界の先進事例として実践構築と PRとして出店
茨城県下妻市 山梨県甲斐市	地域のプロモーション	日程を両者で合わせてより相乗効果の高い取り組みに仕立てた。キッチンカーでのスペシャルメニューなども実施

表2　地方自治体の PR出店

意外に思うかもしれませんが、4時間という開催時間の短さもメリットになる場合があります。14時に終了後、その日のうちに地元に戻れたり、夕方から別の場所で違うイベントを行う場合などは短時間である方が効率がよいのです。

これまでヒルズマルシェに自治体がPR出店した例は表2の通りです。1年間で複数回PR出店して効果を高めたり、商品を限定してより印象づけたり、新しい取り組みの活動実績づくりとして使われたり、さまざまな用途で活用されています。

2 ワテラスマルシェ―地元の大学生も運営を手伝う

ヒルズマルシェの次に運営したのが「ワテラスマルシェ」（東京都千代田区神田淡路町）です。2013年に開業した複合施設ワテラスで毎月2回（第1、第3金曜日）開催しています。

このワテラスは、オフィス、レジデンス、学生マンション、商業施設、コミュニティ施設とさまざまな施設で構成されていて、地域住民やワテラスタワーおよび周辺で働くオフィスワーカーへの食生活の充実とコミュニティづくりを目的としてマルシェを開催しています。

主催する一般社団法人淡路エリアマネジメントは、ワテラスの誕生と同時に発足したまちづくり組織で、街に暮らす住民やワーカー、学生など、さまざまな人々の交流の機会をつくり、コミュニティを育むことを目的に、マルシェ以外にも地域情報誌「FREE AWAJI BOOK 8890」の発行や、ガーデニングクラブなどさまざまな活動を行っています。

オフィスタワーの足元で開催していることから、利用客の多くはオフィスワーカーで、ランチ時にはキッチンカーに行列ができるほどです。弊社が運営するマルシェの中で最もキッチンカーの出店が多く、ランチ向けのフードメニューからデザートメニューまで多様な店舗が出店しています。

またもう一つの特徴としては、オーガニック素材でタルトやクッキーなどの焼菓子を製造・販売している店舗など3時のおやつや手土産需要もあり、菓子類に人気の集まるマルシェでもあります。クレープのキッチンカーが出店した時には、ランチの前後にクレープを食べるワーカーで人気を博しました。

そんなワテラスマルシェは、２０１３年4月のワテラス竣工直後から定期開催をしており、２０１４年10月から弊社が運営事務局をするようになりました。

当初は平日と休日に開催していましたが、平日にも住民や近隣の商店の人たちも多く訪れていたため、オフィスワーカーがいない休日開催は止めて平日開催に絞ることにしました。

広場ではマルシェの他にもさまざまなイベントや活動が行われており、バスケットボールの３on３イベントをオフィスワーカーの帰宅時間に実施し、半分がバスケ会場、半分がマルシェ会場のような連動イベントを行うこともあります。また、年に1回開催される人気ジャズライズ「JAZZ AUDITORIA」ではライブの邪魔にならない位置でマルシェも3日間開催します。また、ワテラスのテナントに入っているワインバーがワインの宣伝にマルシェに出店してくれることもあります。こうして他のイベントや施設テナントと一緒にコミュニティづくりをできるのがマルシェの面白さだと思います。

さらに、ワテラスマルシェの大きな特徴の一つは、ワテラスの学生マンション「ワテラススチューデントハウス」に住む大学生がマルシェの運営をサポートしてくれることです。二つあるタワーのうちワテラスアネックスの最上階2フロアが学生の住むワンルーム型マンションになってい

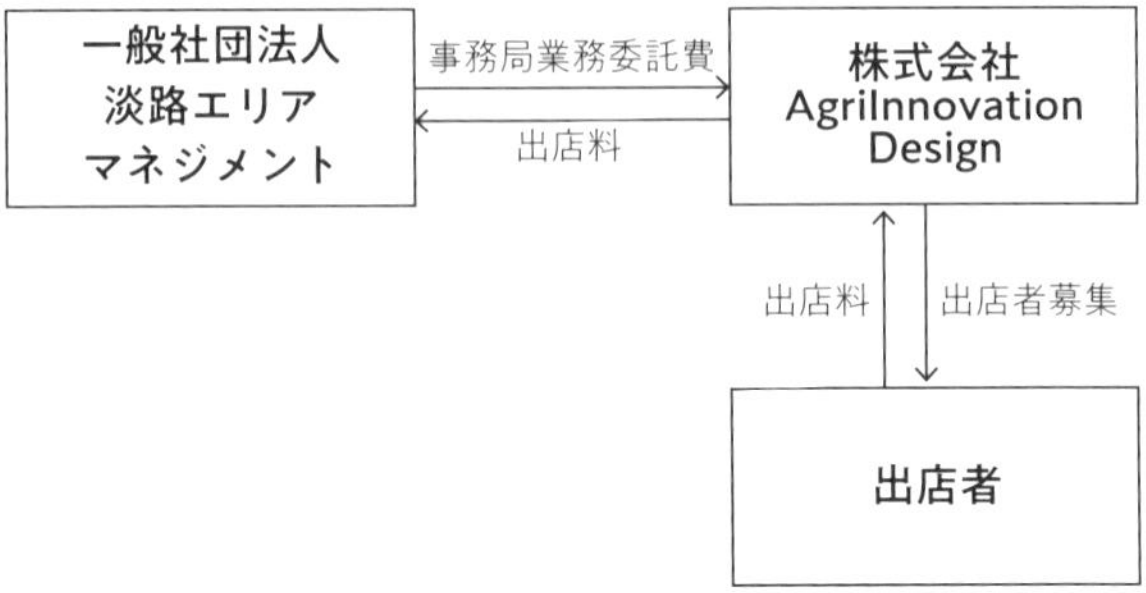

図4　ワテラスマルシェの運営組織図

／開催概要／

開催日：毎月第1、第3金曜日

時間　：11：00 ～ 19：00

場所　：ワテラスタワー 1F ワテラス広場

住所　：東京都千代田区神田淡路町2丁目101番・103番・105番

主催　：一般社団法人淡路エリアマネジメント

共催　：株式会社 AgriInnovationDesign

後援　：千代田区、財団法人まちみらい千代田、千代田区商工業連合会、淡路町一丁目町会、淡路町二丁目町会、須田町北部町会、小川町一丁目北部町会

協力　：NPO法人農家のこせがれネットワーク

写真9　ワテラスマルシェ

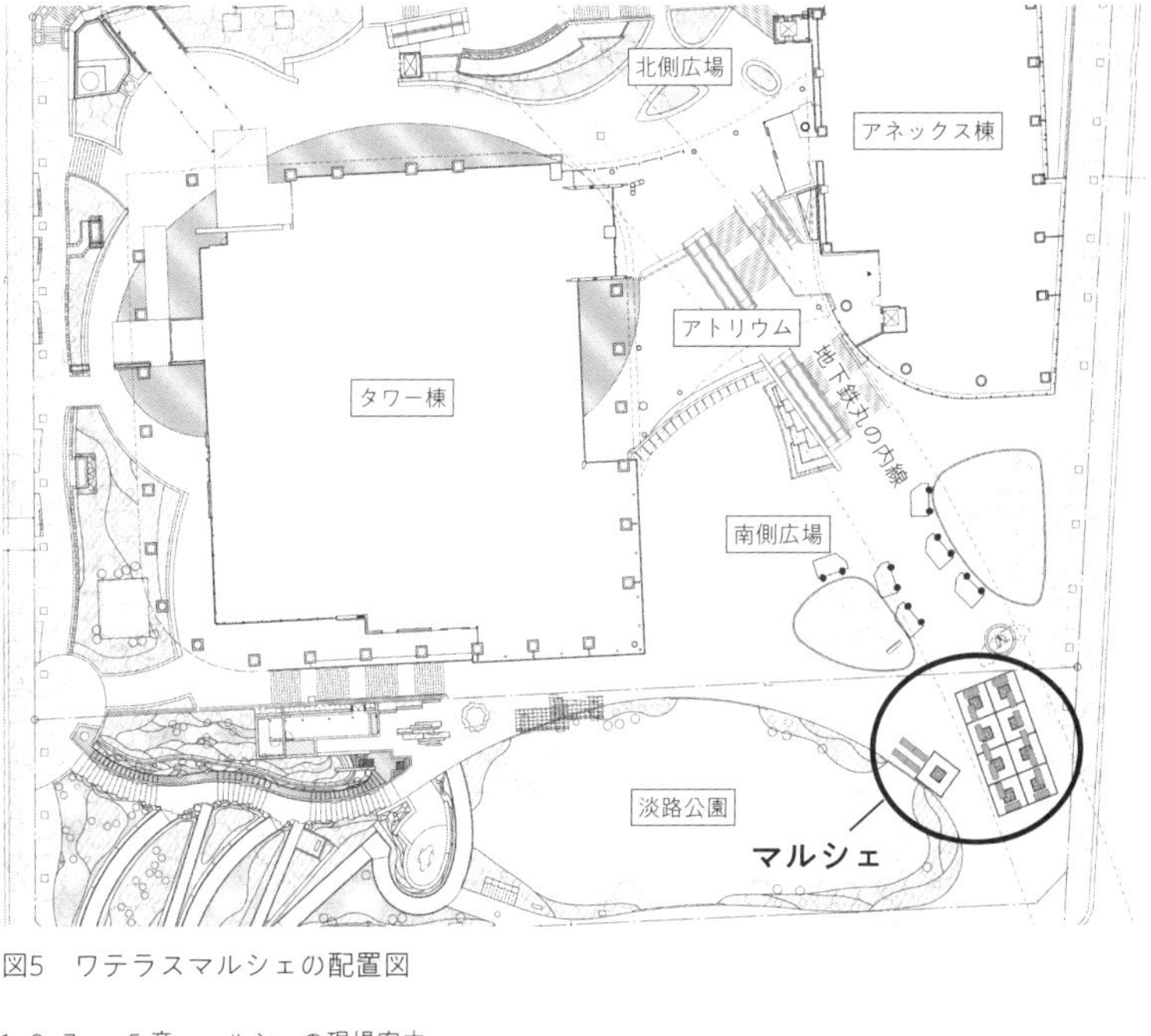

図5　ワテラスマルシェの配置図

て、入居者は近隣の相場より抑えた家賃で入居できる代わりにワテラスが関わる地域交流活動に参加しなくてはなりません。入居する学生は、先ほどのJAZZ AUDITORIAはもちろん、地元のお祭りなど大きなイベントの運営も支援します。そうした地域交流活動の一環として、ワテラスマルシェの設営・撤収等にも大学生が関わってくれています。

仲良くなった学生の中には、作業日以外にも声をかけてくれたり、弊社の運営する他のマルシェにアルバイトとして来てくれる学生もいます。こうしたマルシェに関わる大学生のネットワークも一つのコミュニティの創出です。

そうした大学生との出会いの中で印象深いのが、島田泰仁君です。当時ずっと運営を手伝ってくれていましたが、そこまで親しくなることもなく1年以上が過ぎた頃、彼に声をかけられました。

「ここは農家が出店できるんですか？」

実は、島田君の実家は農家だったのです。それなら是非出てほしいとお願いして、出店してもらったのが、ワテラスマルシェでも人気の島田果樹園さんでした。栗で有名な長野県小布施町の果樹農家さんで、自身が生産したリンゴやブドウを中心にその加工品や仲間の農家が生産した栗を持ってきて販売してくれています。島田君も授業の合間に一緒にブースで販売を手伝っていました。

出店者さんとのご縁は、こういう思いがけない出会いからも生まれるものです。

3 浜町マルシェ——複数の地元商店街との連携

実は、立ち上げ時から関わることができた都内のマルシェは、3番目に運営を担うようになったこの「浜町マルシェ」（東京都中央区日本橋浜町）が初めてでした。この浜町マルシェの最大の特徴は、安田不動産株式会社の地域を巻き込み、地域と共生するまちづくりの取り組みが大きく表れたマルシェとなっていることです。そして、この浜町マルシェの主催者である浜町マルシェ実行委員会を運営する安田不動産さんから、地域を巻き込み、街の回遊性を高めるマルシェをトルナーレ日本橋浜町の広場で開催したいとお話をいただいたことが、浜町マルシェとの出会いになります。

この浜町マルシェは、ゼロからの立ち上げでしたので、まさに2章で紹介したマルシェのつくり方で準備を進めていきました。マルシェ開催地としての周辺環境はとても良く、開催地の周辺には昔ながらの商店が並ぶ甘酒横丁があり、いわゆる下町の風情が残るエリアである一方、近隣にはマンションが次々に建設され子育て世代が多く移り住んでいるエリアでもあります。

トルナーレ日本橋浜町は住宅棟とオフィス棟、また大型スーパーや飲食店など商業施設を兼ね備えた複合施設として2005年に竣工し、近隣住民の買物拠点にもなっている場所でした。

一方、あまり大掛かりなイベントなどを実施してきた経験がない会場であったため、マルシェの

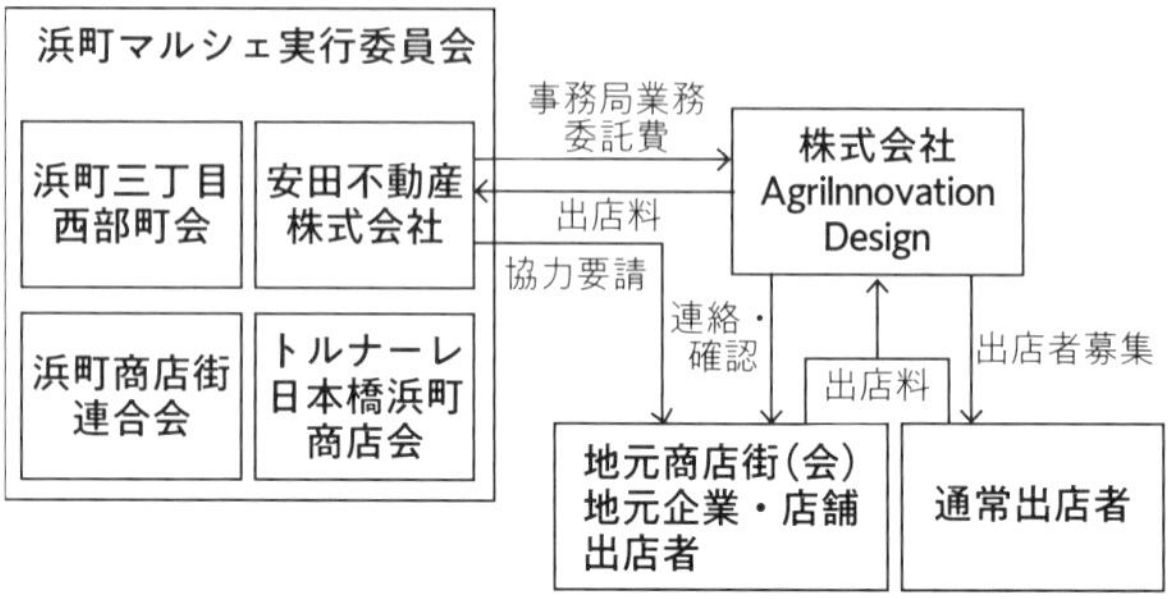

図6　浜町マルシェの運営組織図

／開催概要／

開催日：年4回（1月、4月、7月、10月）日曜日・月曜日の2日連続

時間　：日曜10：00 ～ 17：30 ／月曜10：30 ～ 19：00

場所　：トルナーレ日本橋浜町1F広場

住所　：東京都中央区 日本橋浜町3丁目3-1

主催　：浜町マルシェ実行委員会（浜町三丁目西部町会、浜町商店街連合会、トルナーレ日本橋浜町商店会、安田不動産株式会社）

共催　：株式会社 AgriInnovationDesign

後援　：中央区

協力　：NPO法人農家のこせがれネットワーク

写真10　浜町マルシェ

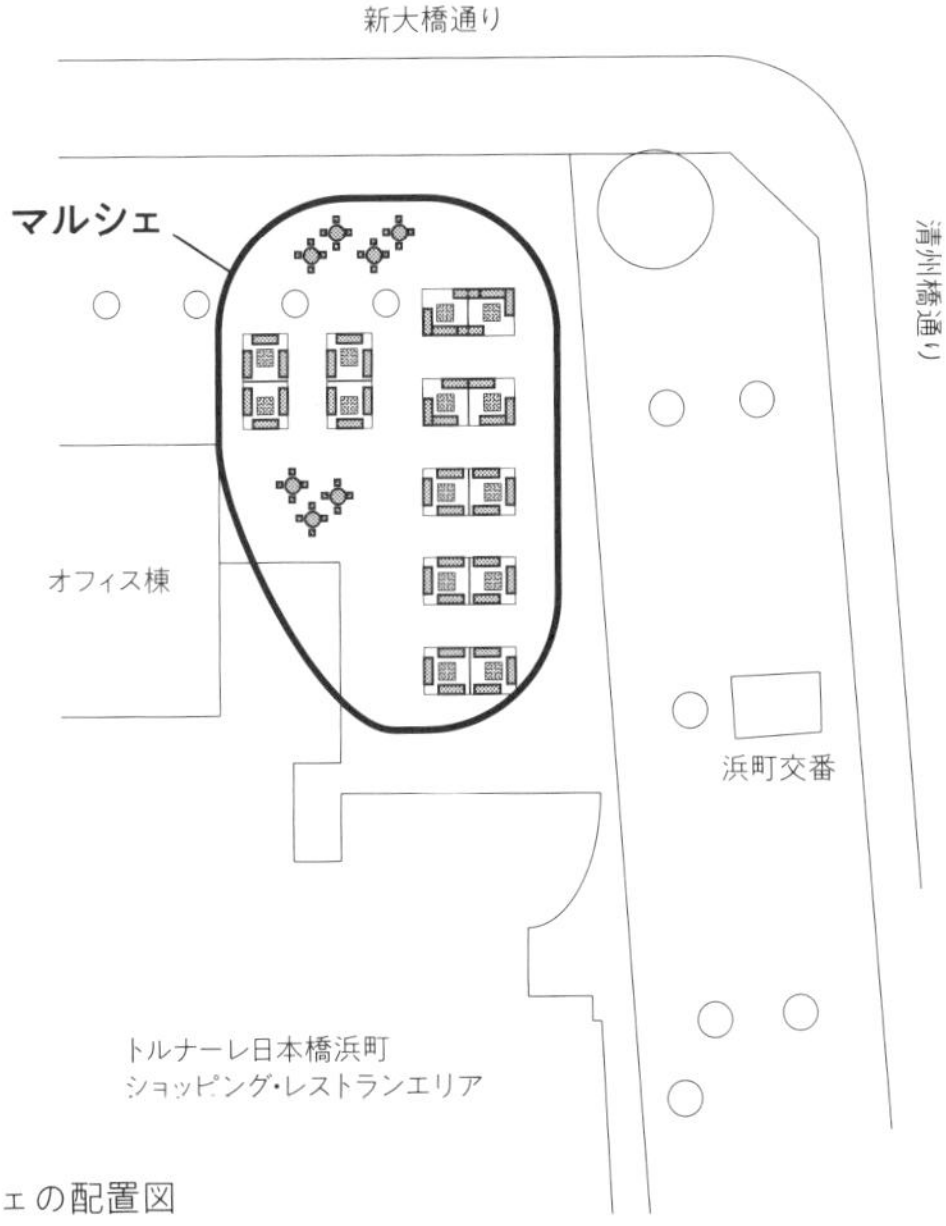

図7　浜町マルシェの配置図

開催にあたってはオペレーション面で準備が大変でした。また、他のマルシェ会場に比べてビル風が強く、毎回、天候によって会場のレイアウトを調整する必要がありました。最初の打ちあわせから7カ月を経て、2015年4月に初開催した浜町マルシェには多くのお客さんにお越しいただきました。

前述の通り、この浜町マルシェの特徴は、マルシェのコンセプトにもなっている「地域共生型」であることです。その象徴の一つとして、安田不動産さんが中心となり、地元の町会、商店街、商店会を巻き込んで、浜町マルシェ実行委員会を組織しています。ヒルズマルシェやワテラスマルシェでも自治会や近隣店舗の方々にお世話になっていますが、特に浜町マルシェではこの要素が強く感じられます。今では、実行委員会の構成員に加えて他の近隣商店街も巻き込みながら、一緒に浜町マルシェを大いに盛り上げてくれているのが、屋台ブースです。浜町商店街連合会を筆頭に最大4団体ほどが各商店街の特製メニューや各商店街に加盟する人気飲食店メニューを販売し、さらに地元の商品も販売してくれます。天気が良い日曜の昼時などは屋台ブースの周りに多くのお客さんが集まります。

さらにそうした商店街の方々に加えて、より地域を巻き込んだマルシェになるようにと、安田不動産さんが中心となって取り組んだのは、日本橋浜町に事務所を構える地元企業や地元のホテルの出店です。複数の地元の商店街、地元企業、ホテル等の出店が融合して開催される浜町マルシェはまさに地域に根ざしたマルシェになっています。

浜町マルシェは年4回開催をしていますが、毎回買物ラリーを実施しています。これは、浜町マルシェに出店する店舗のうち3店舗で買物をしてシールを集めてもらうと、プレゼントがもらえるという企画です。各日先着100名様限定なので、昼頃にはプレゼントは終了してしまいますが、そのプレゼントも、日本橋浜町に事務所を構える地元企業や地元店舗の商品をお渡しするようにしており、ここでも地域を巻き込んだ取り組みを実践しています。

このように、他のマルシェより群を抜いて地域とのつながりを強く持っているのは、安田不動産さんによる地域とのつながりを大切にしたまちづくりの取り組みによるところが大きいです。こうして多くの地元の方々に関わってもらうことで、マルシェのポスターやチラシの設置なども回を重ねるごとに協力してくれる地元の方々が増え、お互いの情報発信にもつながっています。

開催日は、毎年1月、4月、7月、10月の日曜と月曜の2日連続で開催し、近隣住民にもワーカーにも楽しんでもらえるようにしています。特に、日曜日には、子どもが楽しく遊べるコーナーも用意し、無料で使えるようにしています。

浜町マルシェを開催しはじめてから4年目を迎え、利用客からもっと頻繁に開催してほしいという要望をいただくようになったのは、運営者としては嬉しい限りです。今では、開催地の中央区からも後援をいただきながら、一歩ずつ前進しており、安田不動産さんが地域を巻き込みながら共生していく姿勢と我々が運営するマルシェがうまく融合した「地域共生型」マルシェとなっています。

4　ＫＩＴＴＥ前地下広場マルシェ
―日本屈指のオフィス街で実現

弊社が東京で運営するマルシェで一番新しく、他と違うしくみになっているのが東京駅すぐ近くで開催しているＫＩＴＴＥ前地下広場マルシェ（東京都千代田区丸の内）です。日本郵便株式会社がかつての東京中央郵便局を再開発した商業施設ＫＩＴＴＥの地下１Ｆ入口前の地下広場で毎週水曜日に開催しています。

弊社が手掛けるマルシェは地域密着型であることが特徴ですが、このマルシェの近くに住宅はまったくないので、近隣住民が買物に来ないマルシェになります。一方、この丸の内エリアは日本屈指のオフィス街なので、近隣のオフィスで働く多くのワーカーがマルシェの顧客対象になります。マルシェは１日中人通りが絶えない地下通路上のスペースで開催し、通路の両側にマルシェブースを設置しています。他の屋外の開催地のようには広くスペースがとれないため、出店店舗数は15店舗前後にとどまります。

このマルシェは、日本郵便さんに開催について支援いただきながら、一般社団法人マルシェ・マーケット研究所が主催しています。この団体は、マルシェが始まった２０１７年5月に私が立ち上げた団体で、マルシェの普及や支援を目的にしています。

このマルシェの最大の特徴は、全天候型であることです。屋外で開催するマルシェは荒天で中止せざるをえないことがありますが、地下で開催しているため、基本的には天候によって開催が中止になることがありません。これは出店者にとっては大きなメリットです。さらに、屋外のマルシェは雨が降ると集客が落ちますが、このマルシェは雨が降ると地下を通行する人が増えるため、売上増につながることも特徴の一つです。

まだ開催日数が短いため、運営オペレーションは手探りの状態が続いています。利用客のほとんどが近隣ワーカーなので、パン屋は毎週完売しますが、野菜等の生鮮品はあまり売れないと予想していました。ところが、魅力的な野菜を販売するとキャベツやブロッコリーなど大型で重量のある野菜でもある程度売れることがわかってきたり、出店店舗のバランスやレイアウトはまだ試行錯誤が続いています。

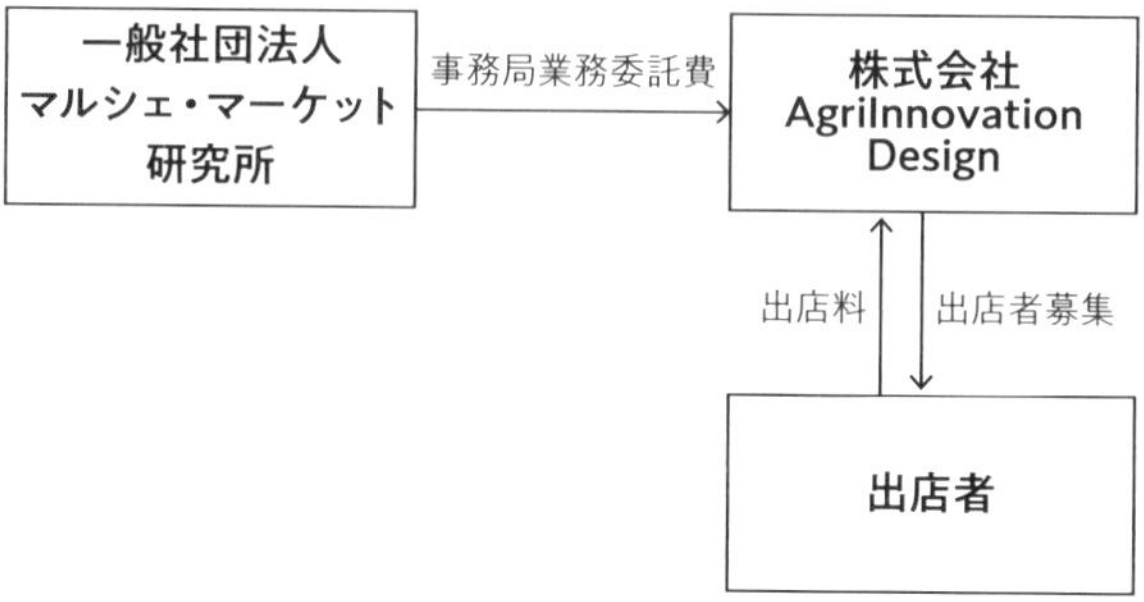

図8　ＫＩＴＴＥ前地下広場マルシェの運営組織図

／開催概要／

開催日	：毎週水曜日
時間	：11：00 ～ 19：00
場所	：ＫＩＴＴＥ地下1F JR総武線、東京メトロ丸ノ内線 東京駅側出入口に隣接の地下広場
住所	：東京都千代田区丸の内2丁目
主催	：一般社団法人マルシェ・マーケット研究所
運営	：株式会社 AgriInnovationDesign
後援	：千代田区、フードアクションニッポン

写真11　ＫＩＴＴＥ前地下広場マルシェ

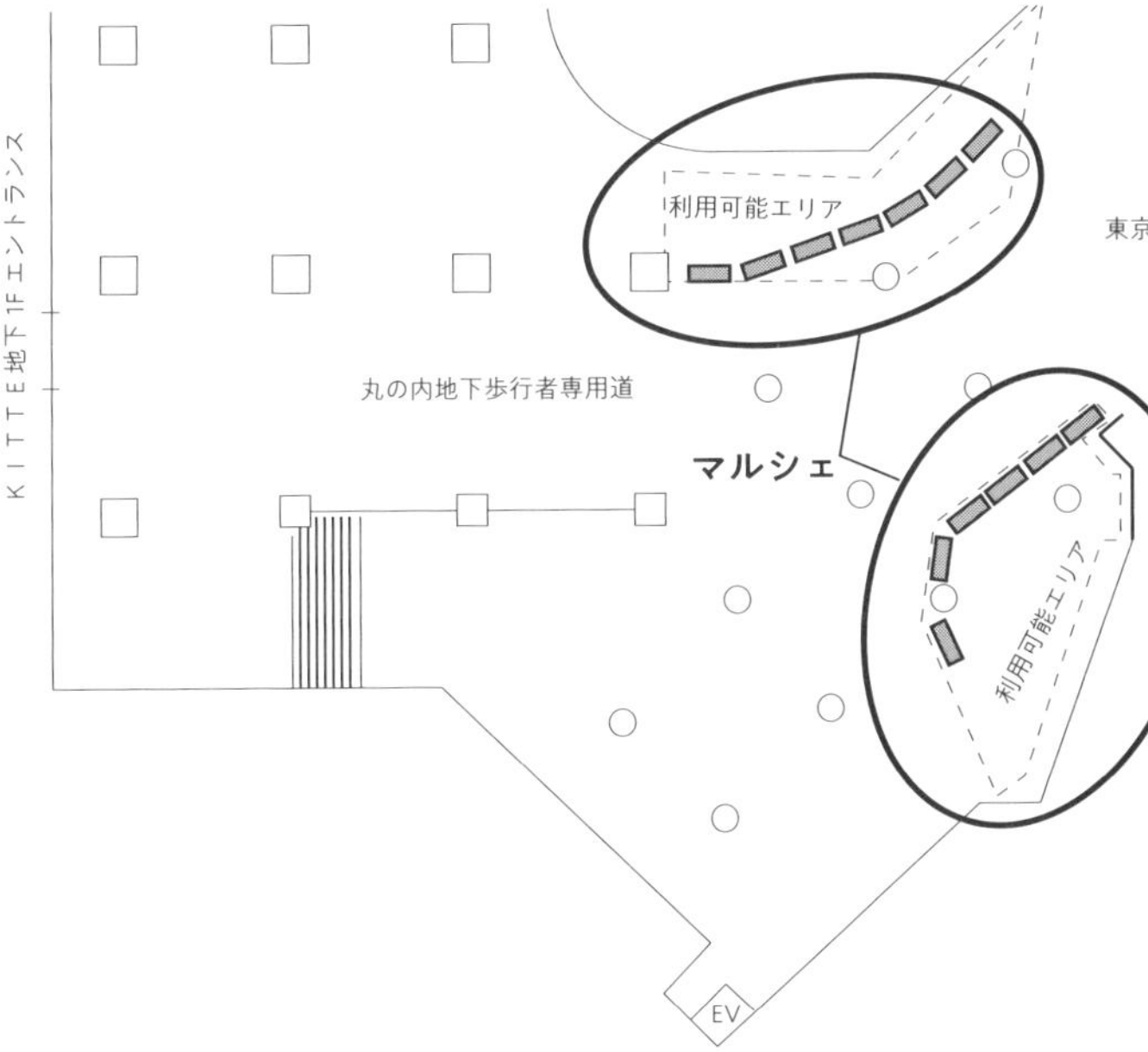

図9　ＫＩＴＴＥ前地下広場マルシェの出店ブース配置図

5 SouseiMarche――商業施設で毎日マルシェ

東京から北海道へ進出

最後に紹介するのは、2018年11月、北海道札幌市にある商業施設サッポロファクトリーに開業した通年開催型マルシェ「SouseiMarche（ソウセイマルシェ）」です。他のマルシェのように仮設で定期的に開催するマルシェではなく、商業施設の中に店舗を構え、出店者が自由に出店してもらうスタイルのマルシェです。

2018年春にサッポロファクトリーを開発・運営するサッポロ不動産開発株式会社からテナントとしてマルシェを出店するお話をいただいた時、北海道には農業者のつながりもあり、東神楽町で農家と八百屋も経営していたため魅力を感じる一方で、これまでのマルシェと違い自社の責任だけで店舗を運営することが可能か、東京と札幌の両方の地域でしっかり事業展開ができるかなど悩みました。

そして、サッポロファクトリーの周辺環境（宅地の再開発が著しく、10年で30棟以上のマンションを建設）から、商業施設の利用者以外にも近隣住民に日常使いされるマルシェになる可能性が見

登録・初期費用 0円	売上歩合 0円	駐車場代 0円
出店単位 1日から	開催日程 364日営業	出店料 5,000円～

図12　SouseiMarcheの特徴

えたため、本格的に事業計画を練ることにしました。その後、もともとご縁があった旭川信用金庫さんからの借り入れが可能になったり、知人の紹介で素敵な社員と出会えたことなども後押しして、無事開業することができました。

このマルシェでは、出店者に販売してもらうマルシェブースと、弊社が全国から仕入れた小規模事業者の食品を販売する小売ブースの両面展開で運営しています。

２０１９年７月11日には２号店として旭川市に「SouseiMarche旭川店」（イオンモール旭川駅前１F）を開業しました。こちらは10坪の店舗で食品販売と近隣農家の直売所をコンセプトにしたマルシェです。

SouseiMarcheの特徴

SouseiMarcheの特徴をまとめると、次の通りです（図12）。

①１年中、３６４日営業・出店できる

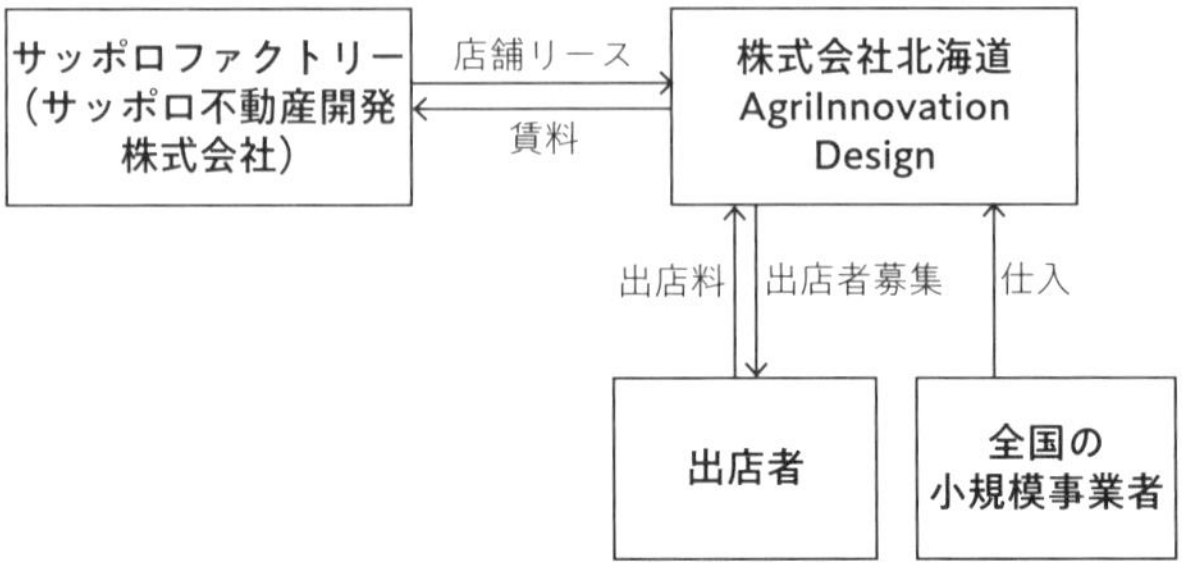

図10　SouseiMarcheの運営組織図

／開催概要／

開催日：年中無休（施設休館日を除く）

時間　：10：00 ～ 20：00

場所　：サッポロファクトリー 3条館2F

住所　：北海道札幌市中央区北2条東4丁目

運営　：株式会社北海道 AgriInnovationDesign

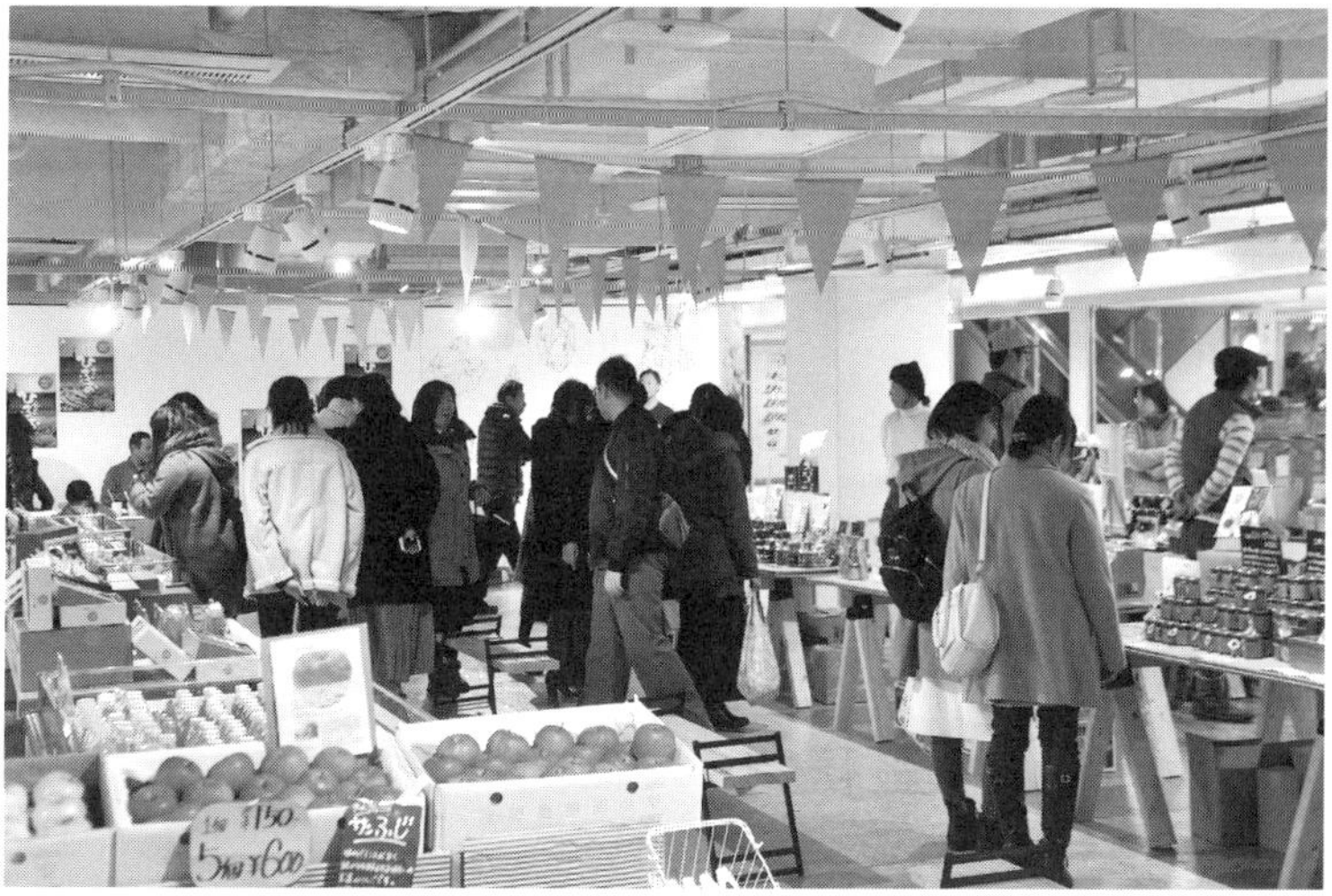

写真12　SouseiMarche

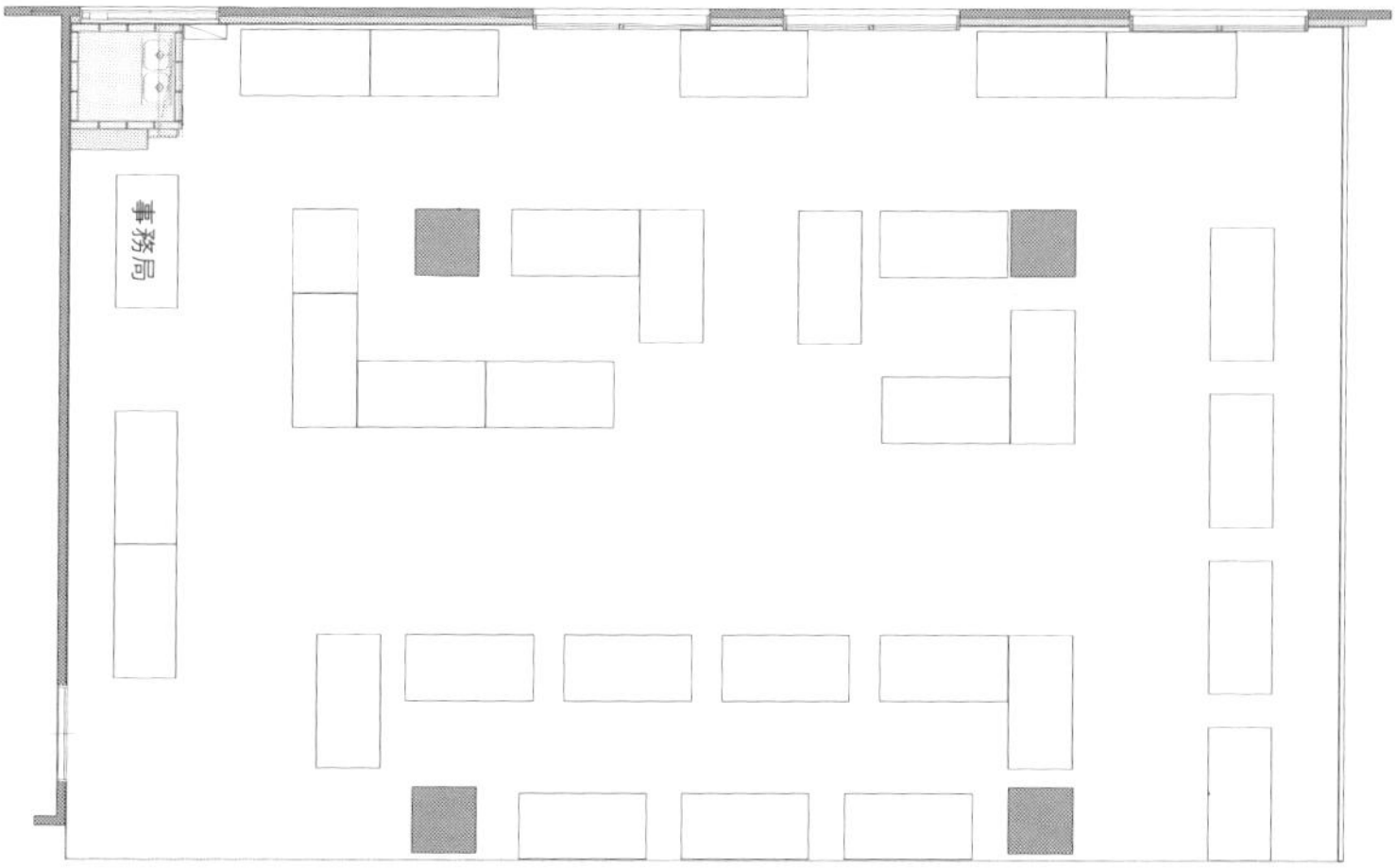

図11　SouseiMarcheの配置図

施設の休館日以外は1年中営業していますので、出店者は364日いつでも出店することが可能です。

②最短1日、最長いつまでも出店が可能

1日だけの出店もできますし、「毎月第2日曜日」や「隔週で水曜日に」など、出店者の都合に合わせて自由に決められます。1日30ブースが出店でき、もちろん1事業者で30ブースまで区画を使うことも可能です。

③固定費以外かからない

1ブースごとにかかる固定出店料（平日5千円～／休日9千円～）以外に費用はかかりません。さらに創業10年未満の出店者向け割引や長期出店者向け割引など、出店しやすいプランも複数用意しています。

④ハイブリッド店舗

出店者のブースに加えて弊社の小売ブースを併設し、他にない珍しくて美味しい食品を販売しています。出店者数に合わせて、その小売スペースの面積を拡大・縮小します。

SouseiMarcheの使い方

このSouseiMarcheは、普通のマルシェとはまったく違う使い方を出店者に提案しています。

①「いつでも出られる」を活用する

1年中いつでも出られる場所＝いつでも成長・挑戦ができる場所なので、自社商品の対面販売をしてみたい、経験を積みたい、マーケティングをしたいなど、多彩な目的・タイミングで出店することが可能です。

②「通年開催」を活用する

常設しているため、すでにSouseiMarche自体にリピーターがついていますので、SouseiMarcheの顧客を自社のファンにしていくことができ、顧客を増やしたい出店者に最適です。

③「商業施設のテナント」を活用する

イベントフロアや屋外ではなく商業施設のテナント区画で店を出すことになります。路面店とは違い商業施設自体にも集客（年間700万人）がありますので、SouseiMarcheの顧客に加えて偶然施設に足を運んだお客さんにも商品提案をすることができます。

④「アンテナショップ」として活用する

自治体や地域団体のアンテナショップとして活用することもできます。店舗を構えるとコストも運営も大変ですが、SouseiMarcheの場合は、開催日も期間も柔軟に設定できます。

6 新しい流通を開拓するマルシェ

多様なマルシェスタイルを開拓する

ここまで、弊社が運営する五つのマルシェについて紹介しましたが、一口にマルシェといってもそのスタイルは多様であることがおわかりいただけたと思います。東京の四つのマルシェの開催地はほとんど離れていません。わずか半径2・5キロの範囲内で、車で15分もあれば移動できる距離です。それほど狭いエリアにもかかわらず定期開催のマルシェがそれぞれに成立しているのは、一つにはもちろん東京という大都市であり人口が多いことは挙げられますが、もう一つは地元密着型で近隣住民・ワーカーを対象にしているため、競合としてぶつかりあうことはないからです。

各マルシェを比較すると、表3、4の通りとなります。

地方↓東京から、地方⇕地方の新しい流通へ

これまで私は、農業支援の取り組みの中で全国各地を訪れ、小さな農家、小さな事業者のつくる美味しい食材や加工品などを目にしてきました。2009年に東京でマルシェの運営を始め、

	ヒルズマルシェ	ワテラスマルシェ	浜町マルシェ	KITTE前地下広場マルシェ	SouseiMarche
エリア	東京都港区	東京都 千代田区	東京都中央区	東京都 千代田区	北海道札幌市
最寄駅	六本木一丁目駅 溜池山王駅	淡路町駅 新御茶ノ水駅	水天宮前駅 人形町駅 浜町駅	東京駅	バスセンター前駅
開始年月	2009年9月	2013年4月	2015年4月	2017年5月	2018年11月
開催頻度	毎週土曜日	毎月 第1、第3金曜日	年4回 1、4、7、10月	毎週水曜日	1年中
年間日数	52日	24日	8日	50日	364日
開催時間	10:00～14:00	11:00～19:00	日曜 10:00～17:30 月曜 10:30～19:00	11:00～19:00	10:00～20:00
開催場所	屋外広場	屋外広場	屋外広場	屋内広場 （地下）	屋内テナント
会場の特性	・大通りに面していない ・大屋根がある ・住宅棟が多い ・大使館が多い	・下町の雰囲気 ・オフィス棟下の広場 ・中規模のオフィス街が近い ・スーパーが近い	・下町の雰囲気 ・大通りに面している ・オフィス棟下の広場 ・スーパーが近い ・住居が多い	・オフィス街 ・周辺に住居はほとんどない ・屋内 ・ターミナル駅隣	・商業施設内 ・通年開催 ・近隣が居住地開発の真っ只中で人口増加中
会場施設の駐車場利用	○	○	×	×	○
運営の特性	・雨での中止は基本的にない ・早朝から準備 ・会場内まで搬出入車を誘導 ・倉庫が近いので備品が出し入れしやすい	・学生マンションに住む大学生が搬出入をサポート ・雨風に注意	・雨風に注意 ・平日はオフィスワーカーの動線に注意	・人通りが常にあるため事故に注意 ・オフィスワーカーの動線に注意 ・商業施設内を積載したかご台車を誘導	・商業施設の一区画であるため、施設のルールに則って開催
出店者の電源利用	◎	○	×	○	○

表3　各マルシェの開催概要

		ヒルズマルシェ	ワテラスマルシェ	浜町マルシェ	KITTE前地下広場マルシェ	SouseiMarche
顧客対象		・近隣住民 ・サントリーホール来場者	・オフィスワーカー ・近隣住民 ・近隣店舗	・オフィスワーカー ・近隣住民	・オフィスワーカー ・観光客	・近隣住民 ・商業施設利用者 ・オフィスワーカー
客層		・30～70代男女 ・子ども連れの家族 ・外国人が多い	・20～60代男女	・30～70代男女 ・子ども連れの家族	・20～60代男女	・30～50代女性 ・週末はファミリー層
交通手段		徒歩	徒歩	日曜：徒歩 月曜：電車	電車	車 電車
ニーズ		生鮮・花	菓子・飲食	生鮮・食品	菓子・パン	食品全般
店舗数		30店舗前後	20～25店舗	30店舗前後	10～15店舗	最大30店舗
出店者の属性※	農家	40%	10%	20%	0%	30%
	生鮮	20%	25%	15%	20%	5%
	食品	15%	35%	30%	60%	60%
	雑貨	15%	5%	10%	20%	5%
	キッチンカー	10%	25%	25%	—	—

表4　各マルシェの客層と出店割合

※過去開催の平均値

	都心	地方都市	中山間地域
エリア	東京都港区・中央区・千代田区	北海道札幌市中央区	北海道上川郡東神楽町
事業	四つのマルシェ運営	通年開催マルシェ店舗運営	農家と経営する八百屋
人口	44万人（3区合計）	24万人（中央区）	1万人
開始	2009年～	2018年～	2017年～
事業会社	株式会社AgriInnovationDesign	株式会社北海道AgriInnovationDesign	株式会社東神楽アグリラボ

表5　3地域での活動概要

2018年からは北海道でもマルシェを運営するようになり、マルシェとは別に2017年からは人口1万人の小北海道東神楽《ひがしかぐら》町で八百屋も経営しています（表5）。

ここで、北海道東神楽町で経営している八百屋「HAL Market（ハル・マーケット）」について紹介します。

東神楽町地方版総合戦略が2016年に町で策定され、その中の戦略の一つとして農業も課題に位置づけられたことから、東神楽町を勝ち組にするべく2016年度に東神楽町農業プロデューサーに就任しました。

プロデューサーとして地元農家へのヒアリングや交流を行うなかで、農家から何かしたいという声があがり、私も生産以外の経営・流通・販売などを実体験することが若手農家には必要だと考えていました。そして最終的に地元の若手農業者を中心に農家・町民・事業者の有志を募り、株式出資をして立ち上げたのが、株式会社東神楽アグリラボです。その事業の第1弾として、地元の方に地元の野菜をしっかり食べてもらえる八百屋「HAL Market」を2017年に立ち上げました（写真13、図13）。

こうして東京と北海道の6カ所で食品売場を持つことになりました。その結果、食品の新しい流通が始まりました。

最初にそれに気づいたのは、3章で紹介した神奈川の篤家さんが販売するカンボジアの胡椒を北海道東神楽町の八百屋で販売した時でした。いわゆるステレオタイプのマーケティングによれば、地方の小さな街の小さな八百屋に来るお客さんは食への感度も低いし、来店する人数も限られているから売れないということになります。

しかし私は、市場規模が小さくても、価値を感じるお客さんはいると考えていました。だから、米と野菜の産地で八百屋は成立する、しかも直売所のように安売りするのではなく適正価格で売ることも可能だと。

それで、東神楽の八百屋で篤家さんのカンボジアの胡椒は売れるだろうと仕入れたところ、予想以上にヒットし、近隣飲食店が仕入れてメニューとして使うようにもなりました。そして札幌のSouseiMarcheでも同様に篤屋さんの胡椒を仕入販売したところ、こちらも爆発的なヒット商品となり、開業後半年経っても加工食品の売上ナンバーワンの座が揺らぎません。

神奈川の小さな事業者が東京のマルシェを通じて東神楽町や札幌にも販路を持つようになり、篤

写真13　HAL Market

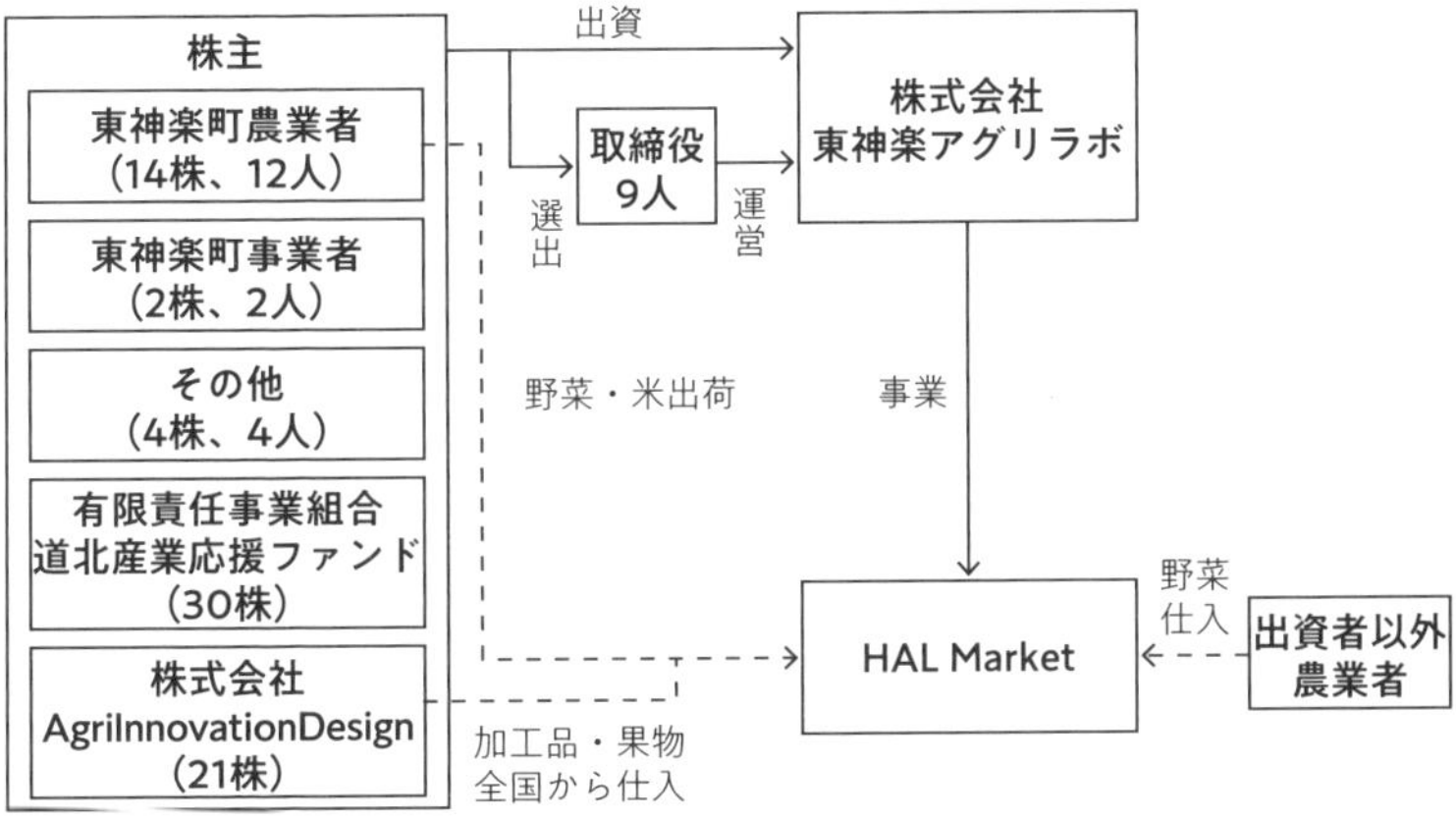

図13　HAL Marketの運営組織図

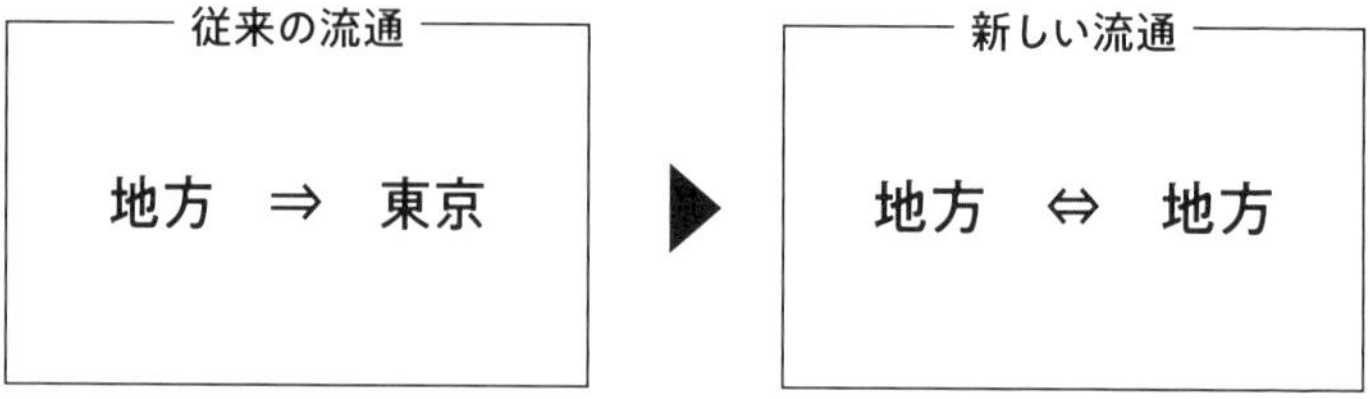

図14　地方→東京から、地方⇔地方の新しい流通へ

家さんの売上の中でも北海道への出荷が大きなウェイトを占めるようになりました。同様に、高知県の福祉施設がつくる食品や長崎の果樹農家のミカンなども東神楽町、札幌でどんどん売れています。また、東神楽町の米は札幌でも売れています。

こうして、従来の地方から東京へという、消費人口の大きなマーケットに一方的に流れていく流通ルートではなく、地方から地方、小規模事業者から小規模売場への流通が、マルシェというしくみを介在させることで実現することができるようになりました（図14）。弊社の3拠点だけでもここまで面白いことができるのであれば、全国の同じ志を持つマルシェ主催者・運営者と連携し、SouseiMarcheのような業態のマルシェを全国展開していけば、この流れがもっと面白い形で広がっていくのではないかと期待しています。

おわりに

２００2年に最初の会社を立ち上げた時から「小学生のなりたい職業1位を農家にする」という夢があります。それを達成するべくさまざまな農業支援事業に取り組んできました。農業支援と言いながらも、生産はしない、生産支援はしない、流通はしない、産地にもいないという、どこが農業支援なのかと疑問に思われる方法をあえてとってきました。

マルシェには四つの楽しみがあるといつも言っています。「見つける楽しみ」「会話する楽しみ」「食べる楽しみ」「また会う楽しみ」です。

自慢の野菜を持参して販売する農家にとっては、「提案する楽しみ」「聴いてもらえる楽しみ」「食べてもらう楽しみ」「もう一度会って、美味しかったと言ってもらえる楽しみ」です。お客さんから応援してもらうと、次に作物をどうつくろうか、どんな作物を販売して喜ばせようかと考えを巡らせるようになります。そうしてマルシェを楽しみながら奮闘する親の姿は子どもに伝わっていきます。そうすると、後継者不足と言われる農業にも小さな変化が起きてくると思います。

マルシェの常連のお客さんは、マルシェ以外で野菜が買えなくなります。マルシェで買った鮮度の高い食品が日々の食事を充実させると、舌は肥え、食事の楽しみ方がどんどん広がります。出店者と出会って家族で畑に遊びに行くようになり、農業や食材の美味しさを学ぶようになります。都会のマルシェで育った子どもたちの中から農業に興味を持ち、農家を目指したり農業を応援したりする人が出てくるかもしれません。

マルシェは、農家の子どもも都会の子どもも農業に憧れるきっかけとなる一番の舞台ではないでしょうか。マルシェは農業の素敵な未来をきりひらいてくれると私は信じています。

日本には、本書で解説してきた「コミュニケーション型移動小売業」のマルシェがまだまだ少ないと思います。イベントとして開催するマルシェや、農家が対面販売をしないマルシェは増えていますが、地域密着型のマルシェはあまり増えていません。

コミュニケーション型移動小売業としてのマルシェづくりには最低3年はかかるため、それなりの忍耐やリスクも覚悟する必要があります。それでもこうしたマルシェが日本に増えてほしいと願っているため、今回、そのノウハウを一冊にまとめました。

本書をきっかけに、全国に素敵なマルシェが増え、ロンドンのように行政がマルシェに対する指針や支援を表明してまちづくりの一環として取り組む自治体が現れてほしいです。マルシェが日本人の生活に定着し、商店街のように専門店が集まり、買う人が集まり、笑顔が溢れ、交流が生まれ、そこから新しい価値がたくさん生みだされ続ける場所になってほしいと思います。この思いに共感してマルシェをやってみたいと思う方は是非ご連絡下さい。一緒に素敵なマルシェをつくりましょう。

私は農業プロデューサーとして、マルシェを日常化させていきます！

最後になりますが、マルシェの運営に関わる機会を与えて下さった森ビル株式会社の田中巌さんはじめ歴代の担当者の皆様、本書の出版でお世話になった学芸出版社の宮本裕美さん、インタビューに協力して下さった皆様には感謝申し上げます。そして東京で一緒にマルシェを運営してくれているマネージャーの佐藤千也子さん、札幌で新しいマルシェの業態に挑戦してくれている成田恵さんと竹村果夏さん、そしてこれまで一緒にマルシェを運営してくれたスタッフや出店者の皆様、本当にありがとうございます。これからもよろしくお願いいたします。そして、本書をお読み下さった皆様、ぜひマルシェに遊びに来て下さい。

２０１９年９月

脇坂真吏

脇坂真吏（わきさか・まさと）

株式会社 AgriInnovationDesign 代表取締役。株式会社東神楽アグリラボ 代表取締役会長。株式会社 DKdo 代表取締役／東京代表。一般社団法人マルシェ・マーケット研究所 代表理事。1983 年生まれ。東京農業大学国際食料情報学部食料環境経済学科卒業。「小学生のなりたい職業 1 位を農家にする」をモットーに大学 4 年時に起業。その後、NPO 法人農家のこせがれネットワークの設立をはじめ、農業活性に関わるプロデュースを全国で展開。2009 年から「ヒルズマルシェ」の運営に関わり、以降東京で「ワテラスマルシェ」「浜町マルシェ」「ＫＩＴＴＥ前地下広場マルシェ」、北海道で「SouseiMarche」の運営に携わる。

マルシェのつくり方、使い方

運営者・出店者のための教科書

2019年 9 月20日 初版第1刷発行

著者	脇坂真吏
発行所	株式会社学芸出版社 京都市下京区木津屋橋通西洞院東入 電話075-343-0811　〒600-8216
発行者	前田裕資
編集	宮本裕美
装丁	藤田康平（Barber）
DTP	梁川智子（KST Production）
印刷・製本	モリモト印刷

©Masato Wakisaka 2019　Printed in Japan

ISBN978-4-7615-2718-1

JCOPY 〈(社)出版者著作権管理機構委託出版物〉

本書の無断複写(電子化を含む)は著作権法上での例外を除き禁じられています。複写される場合は、そのつど事前に、(社)出版者著作権管理機構(電話 03-5244-5088、FAX 03-5244-5089、e-mail: info@jcopy.or.jp)の許諾を得てください。また本書を代行業者等の第三者に依頼してスキャンやデジタル化することは、たとえ個人や家庭内での利用でも著作権法違反です。